Die deutschen Geschütze 1939–1945

28. Sept. 1999

Die deutschen Geschütze
1939–1945

Von

R. BÖHM, F. KOSAR, H.-A. KOCH, W. MAGIRIUS,

O. W. von RENZ, F. M. von SENGER und ETTERLIN,

H. O. WÖHLERMANN, H. ZSCHUCKE

Herausgegeben von

F. M. von SENGER und ETTERLIN

mit 208 Abbildungen

BERNARD & GRAEFE VERLAG BONN

Die 1. - 3. Auflage ist beim J. F. Lehmanns Verlag, München, erschienen.

Herstellung: Walter Amann, München
Reproduktionen, Druck und Bindung: Wiener Verlag, Himberg
Printed in Austria

ISBN 3-7637-5989-1

Inhaltsverzeichnis

zugleich Typenliste

Geleitwort

Der Autor, Major Dr. F. M. von Senger und Etterlin ist durch sein vorzügliches „Taschenbuch der Panzer“ bekannt geworden. Seine Erfahrungen in der Gliederung und Abfassung solcher Nachschlagwerke kommt dem Buch der deutschen Geschütze zugute. Dr. von Senger konnte ein sehr instruktives, technisch wertvolles Bildmaterial herbeibringen. — Vor allem enthält aber die Liste der Mitarbeiter eine Anzahl Namen bekannter, erfahrener Artilleristen, die viele Jahre im Heereswaffenamt in den Artillerie- und Munitionsabteilungen verantwortlich tätig waren. So ist ein gemeinsames Werk entstanden, das den Lesern einen guten Überblick über das Geschützmaterial des deutschen Feldheeres, der Flakartillerie und der Eisenbahngeschütze, soweit sie im letzten Weltkrieg eine Rolle spielten, mit vielen interessanten technischen Einzelheiten bringt.

Das ist um so mehr zu begrüßen, als es im heutigen Deutschland so gut wie keine waffentechnische Fachliteratur dieser Art gibt. —

Die Artillerie wirkt nur durch ihr Feuer, sie ist in hervorragender Weise zur Verteidigung geeignet, deren Rückgrat sie bildet. Deshalb ist die Artillerie für die NATO und besonders für die Bundeswehr eine wichtige Waffe. Mögen auch die Raketen einen Teil der Aufgabe der Geschützartillerie übernehmen, für zahlreiche taktische Aufgaben, wie unmittelbare Unterstützung von Infanterie und Panzern, für die Abwehr von Tieffliegern und für den Einsatz taktischer Atommunition, sind die klassischen Geschütze auch heute noch unersetzliche Kampfmittel.

Möge dies Büchlein dazu beitragen, das Interesse für diese bedeutende klassische Waffe, die heute durch das Feuerwerk der Raketen und ferngelenkten Flugkörper allzusehr überblendet wird, bei den Soldaten und Waffentechnikern wieder wachzurufen zum Nutzen der künftigen militärischen Abwehrkraft des Westens.

Bensheim-Auerbach a. d. B., den 26. Juni 1959

Erich Schneider

Dipl.-Ing. Generalleutnant a. D.

Im Kriege Chef der Amtsgruppe für Entwicklung und Prüfung von Waffen, Munition und Gerät im Heereswaffenamt.

Vorwort des Herausgebers

Dieses Taschenbuch will einen Überblick über die Geschütze geben, die im wesentlichen während des zweiten Weltkrieges im Truppengebrauch des deutschen Heeres und der Flakartillerie verwendet worden sind. Es enthält auch die wichtigsten Entwürfe und Prototypen nicht mehr eingeführter Geschütze.

Geschütze auf gepanzerten Selbstfahrlafetten sind ausschließlich im „Taschenbuch der Panzer 1943 — 1957" und in „Die deutschen Panzer 1926 — 1945" enthalten.

In getrennten Abschnitten werden behandelt:

Panzerabwehrgeschütze,
Infanteriegeschütze,
Leichtgeschütze,
Gebirgsgeschütze,
leichte, mittlere und schwere Feldgeschütze,
Eisenbahngeschütze und
Flugabwehrgeschütze.

Der Aufbau des Buches folgt dem bewährten Muster der Taschenbuchreihe. Für jeden Abschnitt werden im Hauptteil auf Typentafeln die wichtigsten Zahlenangaben gebracht, die besonderen Merkmale des Typs und seiner Abarten beschrieben, die Verwendung geschildert und ein Urteil über die Leistungen abgegeben. Das Urteil ist naturgemäß auf den damaligen Stand der Technik bezogen. In einem besonderen Teil sind auf Tabellentafeln die eingehenden Zahlenangaben zu jedem Typ dergestalt zusammengefaßt, daß Vergleiche möglich sind und ein Überblick über die technische Entwicklung an Hand der Leistungsangaben geschaffen wird.

Die Beschaffung des Materials, besonders der Bilder, war in dieser Reichhaltigkeit nur mit Hilfe alliierter Stellen möglich, die dem Herausgeber Einblick in dokumentarische Unterlagen gewährt und den Abdruck von Bildern freigegeben haben. Ihnen, besonders dem War Office, London, sowie dem US Army Ordnance Museum, gebührt hierfür besonderer Dank.

Ohne die Mithilfe der „Arbeitsgemeinschaft für Wehrtechnik" und die fachkundigen Beiträge der Mitarbeiter wäre es ferner nicht möglich gewesen, das Buch zusammenzustellen. Ihnen sage ich an dieser Stelle ebenfalls Dank.

Alle Leser bitte ich um Anregungen für die geplanten weiteren Bände dieser Reihe sowie um Mitteilung allfälliger Berichtigungen.

Köln-Rodenkirchen
E.-Reimbold-Str. 1

Dr. F. M. von Senger und Etterlin

Vorwort zur 2. Auflage

Die 2. Auflage dieses Buches kann als durchgesehener und ergänzter Neudruck erscheinen. Zur Abrundung der Darstellung des Materials der deutschen Artillerie wurde ein Anhang beigegeben, der Bilder der auf Selbstfahrlafette gesetzten Infanterie-, Panzerabwehr-, Feld- und Flugabwehrgeschütze bringt. Die Leistungen dieser Geschütze sind sämtlich in dem vorliegenden Buch geschildert, während nähere Angaben über die meist aus Panzerfahrgestellen entwickelten Fahrzeuge in „Die deutschen Panzer 1926—1945“ zu finden sind. Dort sind auch Zeichnungen der wichtigsten Selbstfahrlafetten enthalten. Ein weiterer Teil gibt Auskunft über die Zugkraftwagen. Schließlich sind die neuen Artilleriegeschütze der Bundeswehr abgebildet, bei denen es sich zumeist um in der NATO standardisierte Baumuster handelt.

Faßberg, den 1. 10. 1966

Dr. F. M. von Senger und Etterlin

Abkürzungsverzeichnis

a. A.	=	alter Art
abg.	=	abgeändert
(E)	=	Eisenbahn
(f)	=	französisch
F.H.	=	Feldhaubitze
F.K.	=	Feldkanone
Flak	=	Flugabwehrkanone
Geb.	=	Gebirgs
Gesch.	=	Geschütz
Gew.	=	Gewicht
gez.	=	gezogen
gl.	=	glatt
gr.	=	groß
H.	=	Haubitze
I.G.	=	Infanteriegeschütz
K.	=	Kanone
kl.	=	klein
KwK	=	Kampfwagenkanone
kz.	=	kurz
kg	=	Kilogramm
L/	=	Kaliberlänge
le.	=	leicht
lg.	=	lang
L.G.	=	Leichtgeschütz
Mrs.	=	Mörser
n. A.	=	neuer Art
Pak	=	Panzerabwehrkanone
(r)	=	russisch
Rf. K.	=	rückstoßfreie Kanone
Rf. W.	=	rückstoßfreier Werfer
R.W.	=	Raketenwerfer
s.	=	schwer
RL	=	Rohrlänge
SK	=	Schiffskanone
S/h	=	Schuß pro Stunde
S/min	=	Schuß pro Minute
Sf.	=	Selbstfahrlafette
SW	=	Schußweite
(t)	=	tschechoslowakisch
umg.	=	umgeändert

Einführung

Die Standardgeschütze des deutschen Feldheeres waren im allgemeinen bereits zu Beginn des Krieges bei der Truppe oder wurden kurz danach bei ihr eingeführt. Mit wenigen Ausnahmen wurden sie während des Krieges weiter gefertigt. Für die meisten Modelle wurde jedoch während des Krieges vom Heer eine Steigerung der Leistung gefordert. Dieser Forderung kamen die deutschen Konstrukteure und Waffeningenieure stets nach, obwohl in den meisten Fällen die verbesserten Ausführungen auf Grund von Fertigungsschwierigkeiten keine großen Serien erreichten.

Man betrieb besonders, Geschütze bis einschließlich mittleren Kalibers für die Panzerabwehr einsatzfähig zu machen. Die hierbei auftretenden Probleme der Stabilität bei kleinen Erhöhungswinkeln konnten nicht in allen Fällen gelöst werden. Aus diesem Grunde wurden Hohlladungsgeschosse für alle Geschütze mit niedriger und mittlerer V_0 eingeführt.

Weiterhin wurden ausgedehnte Untersuchungen zur Entwicklung von Unterkalibergeschossen durchgeführt. Eine kurze Zusammenfassung der damaligen deutschen Entwicklungen und Erfahrungen auf diesem Gebiet wird unter Abschnitt „Leistungsteigerung der Artilleriegeschütze" wiedergegeben.

1. Allgemeine Entwicklungstendenzen

Die allgemeine Tendenz zielte auf größere Kaliber und weiterreichende Geschütze. Der Generalstab forderte darüber hinaus laufend für alle Geschützarten: Gesteigerte ballistische Leistung, größere Beweglichkeit und Mehrzweck-Einsatzmöglichkeit. Außerdem wurde für die mittlere Feldartillerie ein Schwenkbereich von 360^0 und die Fähigkeit, in der oberen Winkelgruppe zu schießen, als unabdingbar angesehen.

In den meisten Fällen erfüllten die Geschützkonstrukteure und -Ingenieure die Forderungen, allerdings gewöhnlich auf Kosten der Einfachheit der Konstruktion und der Billigkeit der Herstellung.

2. Ausführung der Verschlüsse und der Geschützrohre

Für die meisten Geschütztypen wurden Mündungsbremsen entwickelt, die in einigen Fällen einen Wirkungsgrad von 60 bis 70% erreichten. Es stellte sich heraus, daß die Verwendung von Niedertemperatur-Treibsätzen den Rohrverschleiß beträchtlich herabsetzte. Dies erforderte, den Verbrennungsraum zu vergrößern, brachte aber bei der Fertigung keine ernstlichen Schwierigkeiten mit sich. In diesem Zusammenhang bevorzugten die Konstrukteure im allgemeinen eine lange, schmale Kammer, da hierfür die Geschoßhülsenherstellung einfacher war, weniger Erosion im Übergangskonus auftrat und bei Verwendung von Röhrenpulver keine Schwierigkeiten mit der Zündung entstanden. Eine hohe Ladedichte konnte erzielt werden.

Sintereisen und Weicheisen ersetzten fast überall das Kupfer bei den Führungsringen. Drei schwere, weitreichende Geschütze, die Eisenbahngeschütze 21 cm K 12 und 28 cm K 5, sowie die 24 cm K 3 wurden für

Geschosse mit Drallführungsrillen vorgesehen, weil man annahm, daß hierdurch der Rohrverschleiß bei einer V_0 von etwa 1200 m/s und darüber verringert würde. Dieses Verfahren wurde hauptsächlich wegen der Fertigungsschwierigkeiten für die Geschosse aufgegeben.

Dem Schubkurbelkeilverschluß wurde der Vorzug gegeben, weil die Liderung ausreichend, die Verwendung von Geschoßhülsen mit fest angebrachtem Treibladungszünder sicherer als lose Ladungen und die Herstellungsverfahren einfacher waren.

In den späteren Stadien des Krieges jedoch führte der Mangel an Metallen für Geschoßhülsen zur Einführung der Schraubverschlußliderung für verschiedene neue Ausführungen. Der selbstlidernde Ringverschluß wurde als Änderung bei einer Anzahl von 15 cm Haubitzen (s. FH 18) im Truppendienst eingeführt.

3. Ausführung der Lafetten

Um den steigenden Forderungen nach Beweglichkeit zu entsprechen, wurden die Lafettenausführungen komplizierter. Für die Feldartillerie wurde die Spreizlafette in geschweißter Ausführung mit Drehstababfederung und vorgefertigten Metallrädern mit Vollgummireifen zur Standardausführung. Die Lafettenholme wurden in Feuerstellung verriegelt.

Die Rückstoßsysteme waren von herkömmlicher Bauweise. Im allgemeinen wurde die hydraulische Rücklaufbremse unter dem Rohr und ein starker Vorholer über dem Rohr angebracht. Dies vereinfachte die Kühlung und brachte eine gleichmäßige Gewichtsverteilung. Um das Übergewicht der Mündung auszugleichen, wurden meist rückwärtige Schildzapfen mit pneumatischen Ausgleichern benutzt. Um das Gewicht zu verringern, wurden zum Lafettenbau in großem Maße Leichtmetallegierungen verwendet, obwohl sie Mangelware waren und die Luftwaffe die höchsten Vorrangstufen für diese Stoffe erhielt.

Die Kreuzlafette mit Protzkarren vorne und hinten schien die beste Lösung der Forderung nach Rundumfeuer und Schießen in der oberen Winkelgruppe zu bieten.

Für die schwererern Geschütze wurde einer Schießplattform als Bestandteil der Unterlafette und einem doppelten Rücklaufsystem der Vorzug gegeben.

4. R-Geräte

Das OKH war hinsichtlich der ballistischen Leistung der überschweren Geschütze, einschließlich der Eisenbahngeschütze, befriedigt, verlangte aber größere Beweglichkeit, vereinfachten Aufbau und weniger Transportlasten. Dies führte zur Entwicklung der sog. „Raupengeräte“ (R-Geräte), die nur in wenigen Modellen in Einsatz gelangten, während für zahlreiche andere Geschütze Entwürfe vorlagen. So waren im Jahre 1943 für einen neuen 30,5 cm Mörser von Skoda das Fahrgestell des Panzers IV, für einen 42 cm Mörser das des „TIGER“ in Erprobung.*)

*) Gedanken über die Weiterentwicklung der deutschen schweren mot. Artillerie. Wehrt. Mhefte 210 (1955).

Die schweren, beweglichen Festungshaubitzen 54 und 60 cm von Rheinmetall-Borsig wurden bei der Truppe eingeführt und mit einigem Erfolg an der Ostfront eingesetzt.

Der den R-Geräten zugrunde liegende Gedanke war, den Eisenbahntransport für große Entfernungen, verbunden mit der Möglichkeit, im Notfall von den Schienen aus feuern zu können, zu nutzen. Zusätzlich wollte man ein oder mehrere Kettenfahrzeuge (etwa Fahrgestelle schwerer Panzer, jedoch ungepanzert) für die Fortbewegung im Gelände heranziehen, um eine Feuerstellung unabhängig von der Eisenbahn beziehen zu können. Im allgemeinen sahen die Entwürfe eine schwere Haubitze oder eine Kanone als Alternativlösung für eine gemeinsame Lafette vor.

Leistungssteigerung der Artilleriegeschütze

1. Herkömmliche Methoden

Bei einem Geschütz normaler Ausführung ist Leistungssteigerung fast ausschließlich eine Frage der Steigerung der V_0. Herkömmlicherweise wurde die V_0 gesteigert durch:

a) Verlängerung des Rohres
b) Vergrößerung des Treibsatzes
c) Erhöhung des Kammerdrucks
d) Herabsetzung des Geschoßgewichts
e) Treibraketen.

Die hierbei auftretenden Probleme seien kurz erläutert, um die deutschen Versuche zu verdeutlichen.

Rund gerechnet wäre bei einem gegebenen Kammerdruck von 3000 kg/cm² zur Erhöhung der V_0 von 900 auf 1500 m/s eine Verlängerung des Rohres von 60 auf 200 Kaliber sowie eine vierfache Erhöhung des Treibsatzgewichtes erforderlich. Bei Steigerung des Kammerdrucks auf 4500 kg/cm² wäre eine Rohrlänge von 130 Kalibern erforderlich. Bei Verwendung des gleichen Rohres und Treibsatzes würde die Verringerung des Geschoßgewichts um die Hälfte die V_0 von 1000 auf 1400 m/s steigern, aber die Beschleunigung würde relativ schnell abnehmen. Die Lebensdauer des Geschützrohres steigt umgekehrt proportional zur V_0. Bei einer Kanone normaler Ausführung liegt etwa bei 1200 m/s die technische Grenze der erzielbaren Mündungsgeschwindigkeit. Deshalb wurden in Deutschland neue Wege beschritten.

2. Verwendung von Unterkalibergeschossen

Unterkalibergeschosse stellen eine verbreitete Möglichkeit zur Erhöhung der V_0 dar. Während des ganzen Krieges wurden Forschungs- und Entwicklungsarbeiten über die beste Ausführung der Unterkalibergeschosse bei Verschuß aus Standardrohren und Spezialrohren durchgeführt.

Obwohl später die Entwicklung der Unterkalibergeschosse besonders zur Steigerung der Leistung der Panzerabwehr- und Flak-Geschütze beitrug, wurden Treibspiegelgeschosse (sowohl Sprenggranaten als auch panzerbrechende Granaten) in begrenzten Mengen bei der 10,5 cm le. FH 18 und der 15 cm s. FH 18 eingeführt. Der Vorteil, bei einem Standardgeschütz normale Geschosse oder Treibspiegelgeschosse aus dem gleichen Rohr verschießen zu können, ist offenkundig. Es ergaben sich jedoch Schwierigkeiten bei der Stabilisierung der Geschosse. Auch die Mündungsbremsen übten auf die sich lösenden Teile einen nachteiligen Einfluß aus. Es wurden drei Haupttypen von Unterkalibergeschossen entwickelt:

Treibspiegelgeschoß, bei dem sowohl der Führungsring als auch die Bodenteile sich nach dem Verlassen der Mündung lösen.

Stulpengeschosse, die aus konisch gebohrten Rohren oder Rohren mit Mündungsverengungseinsatz verschossen wurden.

Während mit Mündungsverengung nur die 2,8 cm, 4,2 cm und 7,5 cm Pak in Truppengebrauch gelangten, wurde die Möglichkeit eines Standardrohres mit auswechselbaren Mündungseinsätzen (zylindrisch für Kalibergeschosse und konisch für Stulpengeschosse) erforscht. Auf diese Weise hätte eine geeignete Führung zur Gewährleistung ausreichender Stabilisierung für jede Geschoßart erreicht werden können.
Langgeschosse (Geschosse mit einem ungewöhnlich vergrößerten Verhältnis Länge zu Kaliber) wurden für eine Anzahl von Kalibern entwickelt. Solche Geschosse müssen durch Flügel stabilisiert werden. Zwei verschiedene Arten wurden entwickelt:

a) **Röchling-Geschoß** (Rö-Geschoß)

Hierbei handelt es sich um ein flügelstabilisiertes Langgeschoß, das für die Kaliber 3,7 cm, 5 cm, 10 cm, 15 cm, 17 cm, 21 cm, und 34/35 cm entwickelt wurde. Es wurden sowohl Kalibergeschosse als auch unterkalibrige Geschosse entworfen und erprobt.
Für die betonbrechende 21 cm Röchling-Granate für den 21 cm Mörser (Haubitze) 18 wurde die Serienfertigung zu Beginn des Jahres 1942 geplant. Hier lag nicht die Absicht zugrunde, die Reichweite der 21 cm Mörser zu erhöhen, sondern den Wirkungsgrad dieses Standardgeschützes bei der spezifischen Aufgabe der Bekämpfung von Beton- oder anderen permanenten Festungen zu steigern.
Die 21 cm Röchling-Granate wies in Beton eine Durchschlagskraft auf, die 2½ mal so groß war als die des Standardgeschosses; in Mergelboden drang sie bis zu 60 m tief ein. Der zylindrische Teil des Geschosses trug am Ende ein Leitwerk in Form von tangential durch Nieten oder Schweißung am Geschoßkörper befestigten Blechen aus Federstahl. Die Flügel ließen sich elastisch an den Geschoßkörper anlegen und wurden durch eine über das Geschoßende geschobene Hülse in dieser Stellung festgehalten und vor Beschädigungen beim Durchgang durch das Geschützrohr bewahrt. An einem Zapfen am Boden der Hülse war drehbar der Treibspiegel mit dem Führungsring befestigt. Nach dem Abschuß wurde der Treibspiegel mit Hülse abgeschossen, worauf sich das elastische Leitwerk aufstellte.
Ähnliche Unterkalibergeschosse mit Verschiebeleitwerk, mit Treibzapfen, Treibflossen und Treibring wurden entworfen. Ein Treibringgeschoß im Truppenversuch für die 28 cm K 5 (E) mit einem Gewicht von etwa 60%

der Drallgeschosse erreichte eine Schußweitensteigerung von über 100%.*)

b) **PPG (Peenemünder Pfeilgeschoß)**

ein pfeilstabilisiertes Geschoß, benannt nach der Versuchsstation Peenemünde an der Ostsee. Prüfungen im Überschall-Windkanal hatten gezeigt, daß die Flügelanordnung, wie sie für das Röchling-Geschoß entworfen war, aerodynamisch viele Nachteile aufwies. Das PPG war ein langes, unterkalibriges Geschoß mit einer starren pfeilförmigen Flügelanordnung und wurde aus einem glattgebohrten Rohr verschossen. Ausgedehnte Forschungsarbeiten während einer Reihe von Jahren hatten das Ziel, die optimale Flügelanordnung zu finden und die vom Gesichtspunkt der Aerodynamik und der inneren Ballistik gegensätzlichen Forderungen an die Ausführung miteinander zu vereinbaren.

1941 ergaben Schießversuche in Hillersleben mit einem 7,5 cm PPG, verschossen aus einer FK 16 n. A., eine Durchschnittsreichweite von 13120 m, eine Steigerung von 30% gegenüber dem Standard-Sprenggeschoß.

Eine vorläufige Ausführung des PPG für die 28 cm K 5 (E) wurde im November 1940 entwickelt. Nach den Windkanal-Messungen erwartete man für dieses Geschoß eine Steigerung der maximalen Reichweite um etwa 65%. Die Weiterentwicklung ergab sogar noch größere Reichweiten. Das PPG kam nicht bis zum Truppenversuch. Während des Jahres 1943 waren vier verschiedene Firmen mit Arbeiten an verschiedenen Typen solcher Geschosse befaßt.

Die Fertigung derartiger Spezialgeschosse in großen Mengen und der Mangel an den erforderlichen Rohstoffen stellte Probleme, die nicht gelöst werden konnten. Später wurde die Entwicklung der PPG fast ausschließlich auf die Fliegerabwehr beschränkt.

Das Problem der Leistungssteigerung konnte in diesem Zusammenhang auch von der entgegengesetzten Richtung angegangen werden: Steigerung der Leistung des Geschützrohres. Es erschien jedoch wirtschaftlicher, für vorhandene Rohre Unterkalibergeschosse einzuführen als ein Hochleistungsrohr gleichen Kalibers mit großem Gewicht, großer Länge und der erforderlichen schweren Unterlafette neu zu entwickeln.

3. Geschosse mit Drallführungsringen

stellten eine weitere Möglichkeit der Erhöhung der V_0 bei herkömmlichen Geschützen dar. Sie wurden bei verschiedenen weitreichenden Geschützen mit hoher V_0, insbesondere bei der 21 cm K 12, der 28 cm K 5 (Eisenbahn) und der 24 cm K 3 eingeführt. Dies hatte zwar einen geringeren Rohrverschleiß zur Folge als bei Verwendung von normalen Geschossen mit Führungsringen bei einer V_0 von über 1200 m/s, aber solche Geschosse waren teuer in der Herstellung. Ihr Einsatz wurde deshalb eingestellt.

*) H. Poltz: Flugstabilisierte Langgeschosse der Artillerie. Wehrt. Mhefte 221 (1955).

4. Rückstoßgeschosse

Eine Kombination herkömmlicher Artillerie mit den immer mehr an Bedeutung gewinnenden Flugkörpern mit Eigenantrieb stellt die Verwendung von Rückstoß- (Raketen-) Geschossen dar.

Rückstoßgeschosse wurden zur Steigerung der Reichweite für die 15 cm s. FH 18 und die 28 cm K 5 eingeführt. Ihre Treffgenauigkeit war bei großen Schußentfernungen sehr gering.

Vom Gesichtspunkt der Fertigung zeigte sich, daß der normale Geschoßtyp bei weitem am einfachsten und billigsten herzustellen war. Stulpen- und Treibspiegelgeschosse erforderten mehr Arbeitskräfte, waren jedoch im Fertigungsprozeß dem Normaltyp ähnlich. Das PPG erforderte 35 bis 50% mehr Stahl für die gleiche Sprengstoffmenge sowie besonders hochwertiges Material, während die Flügelanordnung ein sehr genaues Schweißen verlangte. Ein Rückstoßgeschoß hingegen erforderte die dreifache Menge Stahl als das normale Geschoß sowie die Herstellung zahlreicher, spezialisierter Einzelteile.

Hinsichtlich des Materialverschleißes bei hohen Leistungen gingen die Erfahrungen dahin, daß das Standardgeschütz, das Kalibergeschosse verschießt, allgemein eine relativ kurze Lebensdauer hat. Rückstoßgeschosse bewirken bei ihm keine darüber hinausgehende Abnutzung. Das glattgebohrte Rohr für das PPG wird eine längere Lebensdauer haben als die Rohre für Treibspiegel- oder Stulpengeschosse; im letzteren Falle kann mit drei- bis viermaligem Austausch des Mündungsverengungseinsatzes während der Lebensdauer eines Rohres gerechnet werden.

5. Zusammenfassend

ist als Erfahrung aus den Versuchen zur Leistungssteigerung der Geschütze festzuhalten:

a) der normale Geschoßtyp war in der Leistung nicht mehr zu steigern.

b) Rückstoßgranaten konnten wegen ihrer Kosten nur in Sonderfällen verschossen werden, sofern die Züge eines bestehenden Geschützes keine andere Lösung gestatteten.

c) Zur Panzerbekämpfung versprachen die Treibspiegel- oder Stulpengeschosse die beste Leistung.

d) Das PPG war die zufriedenstellendste Lösung für große Entfernungen, wenn die Kosten des Geschosses im Vergleich zu dem erzielten Vorteil tragbar sind.

Infanterie- und Gebirgsgeschütze

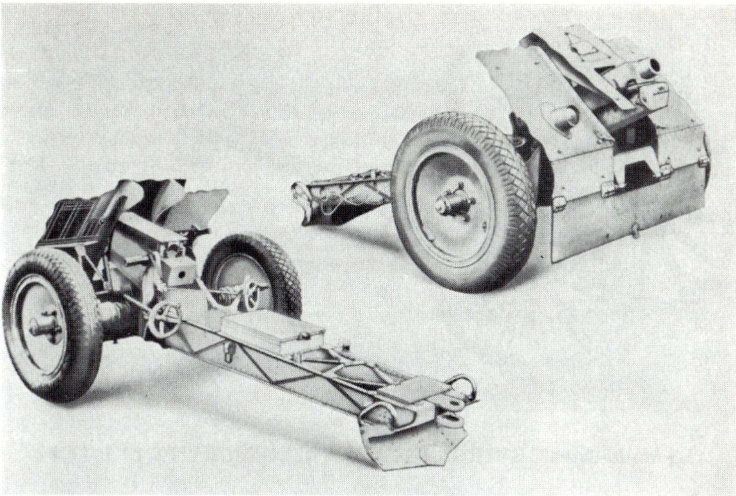

7,5 cm leichtes INFANTERIEGESCHÜTZ 18 L/11,8

Gew.: 400 kg   RL: 88,5 cm   S/min: 8—12   SW: 3550 m

Besondere Merkmale: Kastenlafette. Holzräder für Pferdezug, gummibereifte Stahlscheibenräder für Kfz.-Zug. Vollrohr kastenförmig eingebettet, Rücklaufbremse und Vorholer in der Wiege unter dem Rohr. Feststehendes Bodenstück, darin der Abzugsmechanismus. Zum Laden wird das hintere Rohrende mittels Hebel angehoben (Kippverschluß). Einsatzmöglichkeit in der unteren und oberen Winkelgruppe (—10° bis +75°). Großer Schild, Unterschild. Die Kfz.-Ausführung ist gewichtsmäßig schwerer als die Ausführung für Pferdezug.

Verwendung: Im Jahre 1927 bei der Infanterie eingeführt. Standardgeschütz der Infanterie-Geschützkompanien (je 6 bis 8 Geschütze), der Infanterie- und Grenadierregimenter sowie der schweren Kompanien der Panzergrenadierbataillone, Kradschützenbataillone und Aufklärungsabteilungen (je 1 bis 2 Züge zu je 2 Geschützen). In abgewandelter Form (Spreizlafette) von der Gebirgstruppe verwendet (7,5 cm le. Geb.I.G. 18). War bis Kriegsende 1945 in Gebrauch.

Beurteilung: Genau schießendes Geschütz, hat sich bewährt, war jedoch 1945 veraltet.

7,5 cm leichtes GEBIRGS-INFANTERIEGESCHÜTZ 18 L/11,8

Gew.: 440 kg	RL: 88,5 cm	S/min: 8—12	SW: 3550 m

Besondere Merkmale: Spreizlafette mit Rohrholmen, die sich verkürzen lassen. Holzräder. Vollrohr kastenförmig eingebettet, Rücklaufbremse und Vorholer in der Wiege unter dem Rohr. Feststehendes Bodenstück, darin der Abzugsmechanismus. Zum Laden wird das hintere Rohrende mittels Hebel angehoben (Kippverschluß). Einsatzmöglichkeit in der unteren und oberen Winkelgruppe (—10^0 bis $+75^0$). Kein Schild. Für Transport in 6 Lasten oder in 10 Traglasten zerlegbar.

Verwendung: Im Jahre 1937 in die Gebirgstruppe eingeführt, in Gebrauch bis Kriegsende 1945. Züge zu je 2 Geschützen bei den Gebirgsjägerbataillonen.

Beurteilung: Gleiche ballistische Leistung wie 7,5 cm le. I.G. 18.

7,5 cm INFANTERIEGESCHÜTZ L/13

Gew.: 375 kg RL: L/13 (97,5 cm) S/min: 8—12 SW: 5100 m

Besondere Merkmale: Spreizlafette mit Rohrholmen, die sich verkürzen lassen. Gummibereifte Stahlscheibenräder. Rohr mit Keilverschluß, der von beiden Seiten zu betätigen ist. Rücklaufbremse und Vorholer in der Wiege unter dem Rohr. Schild. Für Transport in 4 oder 6 Teillasten zerlegbar.

Verwendung: Nur in begrenzter Stückzahl hergestellt und bei Infanterie und Gebirgstruppe eingeführt. Einführungsdatum unbekannt.

Beurteilung: Fortentwicklung des 7,5 cm le. I.G. 18. Hat den Erwartungen nicht entsprochen.

7,5 cm INFANTERIEGESCHÜTZ 37 L/22

Gew.: 510 kg RL: 168,2 cm S/min: 8—12 SW: 4800 m

Besondere Merkmale: Spreizlafette mit Rohrholmen. Gummibereifte Stahlscheibenräder. Rücklaufbremse und Vorholer in der Wiege unter dem Vollrohr. Aufgeschraubtes Bodenstück, darin vertikal gleitender Verschlußblock (Fallochleistenverschluß). Kastenförmige Vierkammer-Mündungsbremse. Nach hinten stark abgewinkelter, abklappbarer Schild, Unterschild. Feuert nur in der unteren Winkelgruppe.

Verwendung: Notlösung aus dem Jahre 1944. Teilweise Verwendung von Lafetten der 3,7 cm Pak 35/36 aus sowjet-russischen Beutegeschützen. Bei der Infanterie zunächst unter der Bezeichnung 7,5 cm Pak 37 eingeführt, später Umbenennung in 7,5 cm I.G. 37; bis Kriegsende 1945 wie 7,5 cm le. I.G. 18 in Gebrauch.

Beurteilung: Fortentwicklung des 7,5 cm le. I.G. 18. Leistungsfähige Waffe.

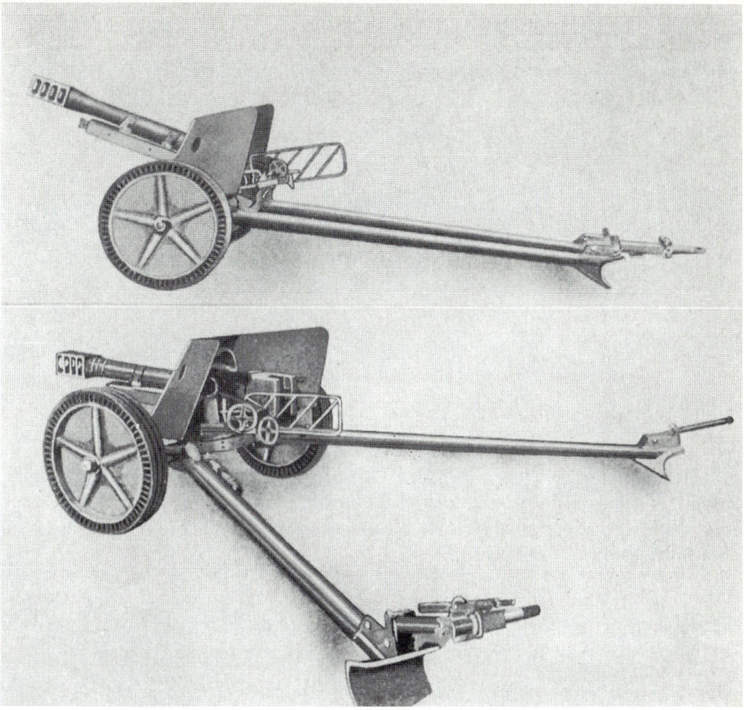

7,5 cm INFANTERIEGESCHÜTZ 42 L/22

Gew.: 590 kg RL: 168,2 cm S/min: 8—12 SW: 5150 m

Besondere Merkmale: Spreizlafette mit schlanken Rohrholmen. Vollgummibereifte Stahlgußräder. Drehstabachsfederung, Räder an Achsschenkeln aufgehängt, Verriegelung in Feuerstellung. Rücklaufbremse und Vorholer in der Wiege unter dem Vollrohr. Aufgeschraubtes Bodenstück, darin vertikal gleitender Verschlußblock (Fallochleistenverschluß). Kastenförmige Vierkammer-Mündungsbremse. Nach hinten stark abgewinkelter, niedriger Schild.

Verwendung: Im Jahre 1944 in begrenzter Stückzahl bei der Infanterie eingeführt. Lafette fand später auch für den 8 cm PAW 600 Verwendung.

Beurteilung: Leistungsfähige Waffe.

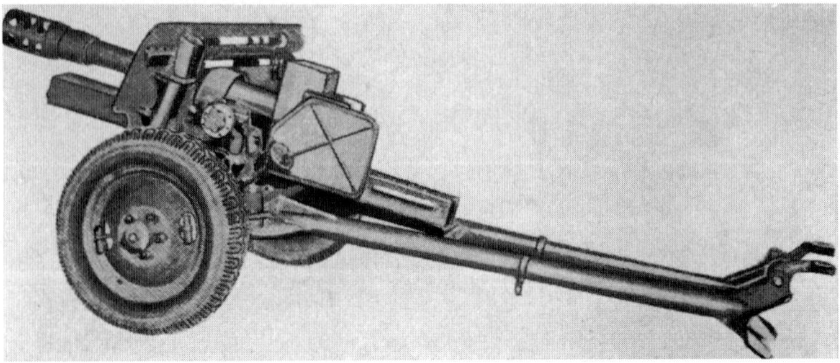

7,5 cm INFANTERIEGESCHÜTZ 42 a. A. (= alter Art)

Das Geschütz wurde 1940 entwickelt und sollte den gesteigerten Kampfforderungen der Truppe (größere Schußweiten, bessere Panzerabwehr) gerecht werden. Es sollte an die Stelle des 7,5 cm le. I.G. 18 treten. Einige Prototypen wurden gebaut. Die Einführung in die Truppe scheiterte an Herstellungsschwierigkeiten.

7,5 cm INFANTERIEGESCHÜTZ 42 (mit glattem Rohr)

Ende des Krieges 1945 war von diesem Geschütz ein Versuchsmodell vorhanden. Es hatte ein glattes Rohr, aus dem flügelstabilisierte Granaten verschossen wurden.

7,5 cm GEBIRGSKANONE 15 L/15

Gew.: 630 kg | RL: 115,5 cm | S/min: 6—8 | SW: 6650 m

Besondere Merkmale: Geschütz von herkömmlicher Bauart ohne Besonderheiten. Kastenlafette mit festem Erdsporn. Holzspeichenräder. Kurzes und gedrungenes Rohr. Schubkurbelkeilverschluß. Rücklaufbremse und Vorholer in der Wiege unter dem Rohr. Besonders großer, schräg nach hinten geneigter Schild, zwei abklappbare Unterschilde. Zerlegbar in 7 Lasten von 78 kg bis 156 kg.

Verwendung: Das Geschütz wurde von der Fa. Skoda entwickelt. Aus Beständen des österr. Bundesheeres und der tschechischen Armee übernommen. In begrenzter Stückzahl bei der Gebirgsartillerie eingeführt (Einführungsdatum unbekannt). Batterien zu je 4 Geschützen.

Beurteilung: Präzise Schußleistung, jedoch veraltet.

7,5 cm GEBIRGSGESCHÜTZ 36 L/19,3

Gew.: 750 kg	RL: 145 cm	S/min: 6—8	SW: 9250 m

Besondere Merkmale: Spreizlafette mit genieteten Kastenholmen. Vollgummibereifte Stahlgußräder. Aufgeschraubtes großes Bodenstück mit Schubkurbelflachkeilverschluß. Rücklaufbremse und Vorholer in der Wiege unter dem Rohr. Einfacher Federausgleicher. Zylindrische Mündungsbremse mit Lochbohrungen. Kein Schutzschild. Zerlegbar in 8 Lasten.

Verwendung: Standardgeschütz der leichten Gebirgsartillerie. In den Jahren 1935 bis 1938 von der Fa. Rheinmetall entwickelt. Ersatz für die veraltete 7,5 cm Geb.K 15 und das 7,5 cm le. Geb.I.G. 18. Bis Kriegsende 1945 bei der Gebirgsartillerie in Gebrauch. Batterien zu je 4 Geschützen.

Beurteilung: Ballistische Leistungen gut, für die Gebirgsartillerie jedoch zu schwer. Ungünstige Lastenaufteilung.

7,5 cm GEBIRGSGESCHÜTZ 43 L/18,5 (Prototyp Boehler)

Gew.: 620 kg	RL: 145 cm	S/min: 6—8	SW: 9500 m

Besondere Merkmale: Spreizlafette. T-trägerförmige, verkürzbare Holme mit Lochaussparungen. Stahlgußspeichenräder mit perforierter Vollgummiauflage. Drehstabachsfederung. Räder an Achsschenkeln aufgehängt. Rohr aus einem Stück. Aufschraubbarer Verschlußblock mit Schubkurbelkeilverschluß. Große Mündungsbremse mit hohem Wirkungsgrad (85%). Rücklaufbremse und Vorholer in der Wiege unter und über dem Rohr. Lafettensockel (Schießpilz) unter der Unterlafette, befestigt mit drei kräftigen Streben. Beim Aufsetzen des Sockels heben sich die Räder 10 cm bzw. 20 cm an. Zerlegbar in 7 Lasten von 105 kg bis 117,5 kg.

Verwendung: 1940 begonnene Weiterentwicklung des 7,5 cm Geb.G. 36 der Fa. Boehler. Das Geschütz stand bei Kriegsende 1945 vor der Einführung in die Gebirgsartillerie und war unter der Bezeichnung „GEBHARD" bzw. „Gerät 99" bekannt.

Beurteilung: Interessante und moderne Konstruktion mit zahlreichen Neuerungen. Das Geschütz stellt gegenüber dem 7,5 cm Geb.G. 36 einen beachtlichen Fortschritt dar.

10,5 cm GEBIRGSHAUBITZE 40 (Prototyp Boehler)

Gew.: 1660 kg RL: 315 cm S/min: 6—8 SW: 12625 m

Ähnlich: 10,5 cm Geb.H. L/80 (Prototyp Rheinmetall)

Besondere Merkmale: Spreizlafette, genietete Kastenholme mit Lochaussparungen. Stahlgußspeichenräder mit perforierter Vollgummiauflage. Radfederung und -bremsen in den Kastenholmen untergebracht. Vollrohr mit abnehmbarem Bodenstück. Schubkurbelkeilverschluß. Mündungsbremse mit hohem Wirkungsgrad. Rücklaufbremse und Vorholer in der Wiege unter dem Rohr. In Feuerstellung unterstützt eine Tragplatte den Lafettenkörper. Das Geschütz wird in 5 Lasten zerlegt, von denen 4 auf Einachs-Karetten verladen werden; die 5. Last ist die Unterlafette, die auf ihren eigenen Rädern fährt. Als Zugmittel ist ein leichtes, geländegängiges Kfz. vorgesehen (NSU-Kettenrad). Die Lasten wiegen zwischen 680 kg und 720 kg.

Verwendung: Entwicklung der Fa. Boehler. Prototyp war bei Kriegsende 1945 ausreichend erprobt. Das Geschütz stand vor der Einführung in die Gebirgsartillerie. Es eignet sich infolge besonders starker Achsfederung auch für Fallschirmabwurf. Prototyp Rheinmetall war für Einführung nicht vorgesehen.

Beurteilung: Neuartige Konstruktion, die vom Herkömmlichen abweicht. Gute ballistische Leistungen. Besonders rasche Montage und Demontage möglich.

10,5 cm GEBIRGSHAUBITZE 40 (Prototyp Boehler)

oben: Rohrwagen hinter Kettenkrad

mitte: Rohr ohne Verschluß eingeschoben

unten: Rohr mit Verchluß auf Unterlafette ohne Holme

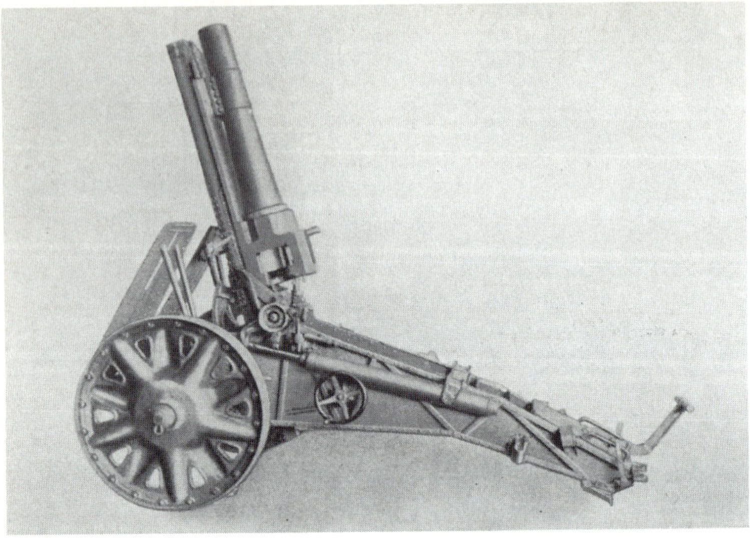

15 cm schweres INFANTERIEGESCHÜTZ 33 L/11,4

Gew.: 1750 kg | RL: 170 cm | S/min: 2—3 | SW: 4700 m

Besondere Merkmale: Besonders stark ausgebildete Kastenlafette. Stahlgußräder, für Kfz.-Zug mit Vollgummi belegt. Rücklaufbremse und Vorholer in der Wiege unter dem Rohr. Federausgleicher. Rohr aus einem Stück mit abnehmbarem Bodenstück. Horizontal gleitender Schubkurbelflachkeilverschluß. Einsatzmöglichkeit in der unteren und oberen Winkelgruppe (—4° bis +75°). Geteilter Schild rechts und links vom Rohr. Für Panzergrenadiere auf Selbstfahrlafetten (Fahrgestell Pz.Kpfw. I, II, und 38 (t)).

Verwendung: 1927 entwickelt, 1933 in die Truppe eingeführt. Standardgeschütz der Infanterie-Geschützkompanien der Grenadierregimenter und der Panzergrenadierregimenter (je 1 Zug zu 2 Geschützen). Mangel an Geräten ließ die Ausstattung der Divisionen späterer Wellen nicht immer zu. War bis Kriegsende 1945 in Gebrauch.

Beurteilung: Sehr wirkungsvolles Geschütz. Es war jedoch für die Infanterie zu schwer und unhandlich. Daher Bemühungen in den Jahren 1936 bis 1939, das Geschützgewicht zu verringern, was nur begrenzt gelang (Verminderung von 1750 kg auf 1550 kg).

Modell	7,5 cm le. I.G. 18 7,5 cm le. Geb.I.G. 18	7,5 cm I.G. L/13
Kaliber mm	75	75
Rohrlänge mm	885	975
Seelenlänge mm	.	.
Gezogener Teil mm	685,6	.
Verbrennungsraum mm	96,3	.
Züge Zahl	24	.
Züge Tiefe mm	.	.
Züge Breite mm	.	.
Felderbreite mm	.	.
Drall, Art und Winkel	konstanter Rechtsdrall, 7°	konstanter Rechtsdrall
Abfeuerung	Schlagbolzen	Schlagbolzen
Rücklauf maximal mm	500	.
Rücklauf minimal mm	480	.
Richtmittel	Rundblickfernrohr Z. E. 18	Rundblickfernrohr
Schwenkbereich°	11 bzw. 35	50
Erhöhung°	—10 +75	—5 +43
Feuergeschw. S/min	8—12	8—12
Fahrstellung Länge mm	2750	.
Fahrstellung Breite mm	1600	.
Fahrstellung Höhe mm	1200	.
Feuerstellung Länge mm	.	
Feuerstellung Breite mm	.	
Feuerstellung Höhe mm	.	.
Gewicht Fahrstellung kg	1560 bzw. 1650	.
Gewicht Feuerstellung kg	400 bzw. 440	375
V_0 maximal m/s	220	305
Kammerdruck atü	1200	.
Gebrauchsgasdruck m/t	.	.
Schußweite maximal m	3550	5100
Zahl der Ladungen	5, 1 Spezialladung	5, 1 Spezialladung
Granaten	7,5 cm I.Gr. 18 7,5 cm I.Gr. 18 A 1 7,5 cm I.Gr. 38 7,5 cm I.Gr. 38 HI/A 7,5 cm I.Gr. Deut.	. . . . .

Modell	7,5 cm I.G. 37	7,5 cm I.G. 42	15 cm s. I.G. 33
Kaliber mm	75	75	149,1
Rohrlänge mm	1682	1682	1700
Seelenlänge mm	.	.	.
Gezogener Teil mm	1327	1327	1346
Verbrennungsraum mm	96	96	129
Züge Zahl	24	24	44
Züge Tiefe mm	1	1	1,5
Züge Breite mm	6,1	6,1	6,64
Felderbreite mm	.	.	.
Drall, Art und Winkel	konstanter Rechtsdrall, 7°	konstanter Rechtsdrall, 7°	konstanter Rechtsdrall, 8°
Abfeuerung	Schlagbolzen	Schlagbolzen	Schlagbolzen
Rücklauf maximal mm	520	520	1225
Rücklauf minimal mm	500	500	1170
Richtmittel	Rundblick-Fernrohr Z. E. 38	Rundblick-Fernrohr Z. E. 38	Rundblick-Fernrohr Z. E. 34
Schwenkbereich°	60	78	11
Erhöhung°	−5 +24	−6 +32	−4 +75
Feuergeschwindigkeit S/min	8—12	8—12	2—3
Fahrstellung Länge mm	4775	.	4300
Fahrstellung Breite mm	1805	1780	2150
Fahrstellung Höhe mm	1074	.	1650
Feuerstellung Länge mm	.	.	.
Feuerstellung Breite mm	.	.	.
Feuerstellung Höhe mm	.	.	.
Gewicht Fahrstellung kg	530	595	2872
Gewicht Feuerstellung kg	510	590	1750
V_0 maximal m/s	350	350	240
Kammerdruck atü	1500	1500	1900
Gebrauchsgasdruck m/t		.	.
Schußweite maximal m	4800	5150	4700
Zahl der Ladungen	6	6	6
Granaten	7,5 cm I.Gr. 18 7,5 cm I.Gr. 18 Al 7,5 cm I.Gr. 38 7,5 cm I.Gr. 38 Hl/A 7,5 cm I.Gr. Patr. 38 Hl/B 7,5 cm I.Gr. Deut	(wie 7,5 cm I.G. 37)	15 cm I.Gr. 33 15 cm I.Gr. 38 15 cm I.Gr. 38 Nb 15 cm I.Gr. 38 Hl/A

Gebirgsgeschütze *)

Modell	7.5 cm Geb.K. 15	7,5 cm Geb.G. 36	7,5 cm Geb.G. 43	10,5 cm Geb.H. 40
Kaliber mm	75	75	75	105
Rohrlänge mm	1155	1450	1450	3150
Seelenlänge mm	.	.	.	.
Gezogener Teil mm	802,5	972	972	2433
Verbrennungsraum mm	160,4	186	.	329
Züge Zahl	.	28	28	32
Züge Tiefe mm	.	.	1,2	1,22
Züge Breite mm	.	.	4,5	5,6
Felderbreite mm	.	.	.	.
Drall, Art und Winkel	konstanter Rechtsdrall, 8°55'35"	konstanter Rechtsdrall, 6°	konstanter Rechtsdrall, 6°	zunehmender Rechtsdrall, 5°—8°
Abfeuerung	Schlagbolzen	Schlagbolzen	Schlagbolzen	Schlagbolzen
Rücklauf maximal mm	850	750	800	1250
Rücklauf minimal mm	390	600	400	550
Richtmittel	Rundbl.-Fernrohr	Rundbl.-Fernrohr	Rundbl.-Fernrohr	Rundbl.-Fernrohr
Schwenkbereich°	7	40	40	51
Erhöhung°	—9 +50	—2 +70	—5 +70	—5°30' +71
Feuergeschwindigkeit S/min	6—8	6—8	6—8	6—8
Fahrstellung Länge mm	.	4160	9450	5600
Fahrstellung Breite mm	.	1190	1260	1360
Fahrstellung Höhe mm	.	1240	1150	1570
Feuerstellung Länge mm	.	.	3251	.
Feuerstellung Breite mm	.	.	2159	.
Feuerstellung Höhe mm	.	.	750	.
Gewicht Fahrstellung kg	630	715	620	.
Gewicht Feuerstellung kg	630	750	620	1660
V_0 maximal m/s	386	475	505	570
Kammerdruck atü	1700	1750	.	2500
Gebrauchsgasdruck m/t	.	.	.	245,2
Schußweite maximal m	6650	9250	9500	12625
Zahl der Ladungen	4	5	5	7
Granaten	Geb.Gr. 15 Geb.Gr. 15 Al 7,5 cm Gr. 39 7,5 cm Gr. 15 Rot	7,5 cm Gr. 34 Al 7,5 cm K.Gr. Rot Al 7,5 cm K.Gr. Rot Buntrauch 7.5 cm Gr. 38		FH Gr. Al FH Gr. Buntrauch 10 cm Gr. 39 Rot Hl/A 10 cm Gr. 39 Rot Hl/B 10 cm Gr. 39 Rot Hl/C 10,5 cm Lt.Gs.

*) Zu den Gebirgsgeschützen ist das 7,5 cm le. Geb.I.G. 18 zu rechnen (siehe „Infanteriegeschütze").

Leichtgeschütze

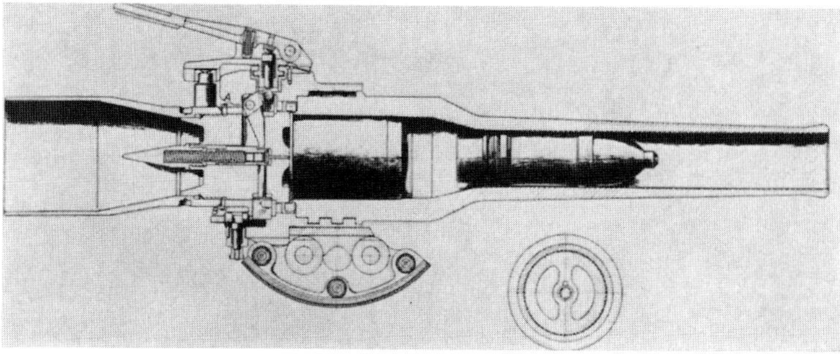

7,5 cm LEICHTGESCHÜTZ 1 (L) (Rheinmetall)
Aufriß von Rohr, Verschluß und Dralltüte

Allgemeines: Das Leichtgeschütz ist ein Geschütztyp leichtester Bauweise, es bricht mit den herkömmlichen Geschützkonstruktionen, es verfeuert normale Artilleriegranaten (keine Raketengeschosse). Wegen des niedrigen Feuerstellungsgewichts (es beträgt im Durchschnitt nur 1/3 bis 1/4 des Gewichts der normalen gleichkalibrigen Rücklaufgeschütze gleicher Leistung) haben sich die Leichtgeschütze bei der Erfüllung von Schwerpunktaufgaben, vornehmlich bei der Fallschirmtruppe, bei Vorausabteilungen und im Bandenkrieg gut bewährt. Andererseits weisen die Leichtgeschütze ganz beträchtliche Nachteile auf, so z. B. die lästige Wirkung des nach hinten austretenden Pulvergasstrahles, das starke Düsenfeuer und die Staubaufwirbelung, die zusammen die Geschützbedienung gefährden und eine Tarnung so gut wie unmöglich machen. Als weiterer Nachteil muß der verhältnismäßig hohe Pulververbrauch angesehen werden. Außerdem bereitet die Herstellung der Spezialkartuschen fabrikatorische Schwierigkeiten.

Aufbau des Leichtgeschützes (10,5 cm L.G. 43)

7,5 cm LEICHTGESCHÜTZ 1 (Prototyp)

Das untere Bild zeigt die Einzelteile des Geschützes. Von links nach rechts:

Zieleinrichtung
Rohr
Verschluß mit Dralltüte
Richteinrichtung
Lafettenholme
Räder

7,5 cm LEICHTGESCHÜTZ 1

Das Geschütz wurde von der Fa. Krupp als Sondergeschütz entwickelt. Es zeigt alle Eigenarten des rückstoßfreien Geschütztyps, ist extrem leicht und leitete die Serie der verschiedenen LEICHTGESCHÜTZ-Konstruktionen ein. Es fand mit großem Erfolg bei der Fallschirmtruppe Verwendung. Die Fortentwicklung dieses Geschützes stellt das 7,5 cm L.G. 40 dar.

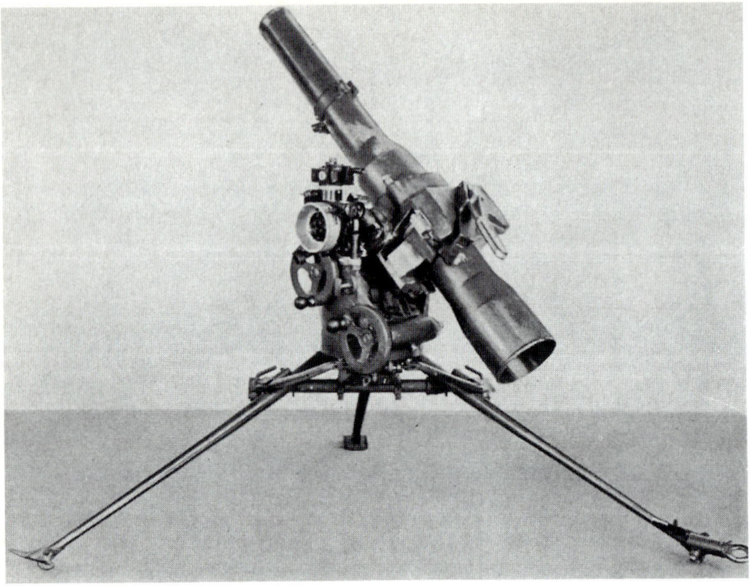

7,5 cm LEICHTGESCHÜTZ 40 L/15,5

Gew.: 145 kg   RL: L/15,5 (115 cm)   S/min: 8   SW: 6800 m

Besondere Merkmale: Einfache und leichte Lafette, bestehend aus Achse und Dreibein. An gefederten Achsschenkeln hängen kleine Stahlgußräder mit Vollgummiauflage. In Feuerstellung ruht das Geschütz auf dem Dreibein. Rundumfeuer möglich. In Fahrstellung wird das vordere Bein hochgeklappt und am Rohr festgehalten, die beiden hinteren Beine werden, ähnlich wie bei einer Spreizlafette, zusammengenommen. Rohr und Verschluß lassen sich rasch auseinandernehmen und zusammensetzen. Der leichtgehaltene Verschluß ist ein horizontal gleitender, sich nach rechts öffnender Flachkeilverschluß. Die tütenförmige Düse (Lavaldüse) ist an der Rückseite des Verschlusses angesetzt. Das Geschütz wird zum Fallschirmabwurf in 4 Lasten zerlegt (spätere Ausführungen sahen nur 2 Lasten vor, die in Weidenkörben verpackt abgeworfen wurden).

Verwendung: Fortentwicklung des „L.G. 1“ (s. Bild vorige Seite). 1940 bei der Fallschirmtruppe in Dienst gestellt. Das Geschütz war zunächst nur für die Fallschirmtruppe bestimmt, es fand jedoch später auch Verwendung bei anderen Truppen.

Beurteilung: Sondergeschütz eigener Art. Es unterscheidet sich von den herkömmlichen Geschützen in grundlegender Weise. Es hat sich bewährt und kam im letzten Krieg mit Erfolg zum Einsatz, vornehmlich auf Kreta und in den unwegsamen Gebieten Finnlands.

10,5 cm LEICHTGESCHÜTZ 40 L/13

Gew.: 388 kg RL: L/13 (138 cm) S/min: 6—7 SW: 7950 m
(Kampfentfernung für Panzerabwehr: 1500 m)

Ähnlich: 10,5 cm L.G. 40/2 (s. Bild nächste Seite)

Besondere Merkmale: Kurze Kastenlafette mit festem Erdsporn. In Feuerstellung können die Räder entfernt werden, dann ruht das Geschütz auf zwei Böcken, die unter den Achsenden sitzen. Sonst ähnlich dem 7,5 cm L.G. 40 L/15,5. Neuartige Abfeuerungseinrichtung. Der Schlagbolzen tritt seitlich durch das Verschlußstück und trifft die Zündschraube an der Seite der Spezialkartusche. Die große, tütenförmige Düse wird zum Ladevorgang um einen Scharnierzapfen ausgeschwenkt und gibt so die Rohröffnung frei. Die beim Schuß auftretende Rohrverdrehung, die zunächst Schäden in den Richtmaschinen, in der Schildzapfenlagerung und in der Richtoptik verursachte, ist bei diesem Geschütztyp erstmals durch Einschweißen von 3 Flügeln (Gegendrallschaufeln) auf die Innenwand der Düse ausgeglichen. Großer Schild. Unter der Rohrmündung befindet sich eine Zugöse. Zum Fallschirmabwurf in 4 Teillasten zerlegbar, die ein Gewicht von 124 kg bis 189 kg (mit Abwurfbehälter) haben. Die Räder werden ohne Behälter gesondert abgeworfen.

Verwendung: Von Krupp entwickelt. 1943 eingeführt. Je nach Verwendungszweck besondere Lafette; bei der Infanterie als leichtes Infanteriegeschütz, bei der Fallschirm- und Gebirgstruppe für Sonderaufgaben. Für die Gebirgstruppe Möglichkeit, in der oberen Winkelgruppe zu feuern. Für die Fallschirm- und Gebirgstruppe rasch zerlegbar.

Beurteilung: Das Geschütz hat sich in vielen Einsätzen bewährt, es zeigt jedoch alle Nachteile eines Leichtgeschützes in verstärktem Maße.

10,5 cm LEICHTGESCHÜTZ 42/1

Das Geschütz ist eine Entwicklung der Fa. Rheinmetall. Es hat die gleichen ballistischen Leistungen wie das 10,5 cm L.G. 42 L/17,5.

10,5 cm LEICHTGESCHÜTZ 40/2

Das Geschütz ist von der Fa. Krupp entwickelt. Es ist gewichtsmäßig etwas leichter als das 10,5 cm L.G. 40 L/13, besitzt jedoch die gleichen ballistischen Eigenschaften.

10,5 cm LEICHTGESCHÜTZ 42 L/17,5 (früher 10,5 cm L.G. 2 Rh.)

Gew.: 485 kg RL: L/17,5 (183,6 cm) S/min: 6—7 SW: 7950 m

Ähnlich: 10,5 cm L.G. 42/1 (s. Bild vorige Seite)

Besondere Merkmale: Die Lafette besteht aus Achse und Dreibein. An gefederten Achsschenkeln hängen gummibereifte Stahlscheibenräder. Vollrohr. Im abnehmbaren Bodenstück befindet sich der horizontal gleitende Flachkeilverschluß. Schlagbolzenabfeuerung. Die Düse (Lavaldüse) ähnelt der des 7,5 cm L.G. 40 L/15,5, an der Innenseite sind zum Ausgleich bzw. zur Herabminderung der beim Schuß auftretenden Rohrverdrehung drei Flügel (Gegendrallschaufeln) eingeschweißt. Die Richteinrichtung befindet sich links vom Rohr. In Fahrstellung wird das vordere Bein hochgeklappt und am Rohr festgehalten, die beiden hinteren Beine werden, ähnlich wie bei einer Spreizlafette, zusammengenommen. In Feuerstellung können die Räder entfernt werden. Großer Schild. Das Geschütz läßt sich rasch in 5 Teillasten zerlegen.

Verwendung: Von Rheinmetall entwickelt. Das Geschütz wurde im Jahre 1943 zusammen mit dem 10,5 cm L.G. 40 L/13 bei der Fallschirmtruppe in Dienst gestellt.

Beurteilung: Ein brauchbares Leichtgeschütz. Es weicht im Aufbau vom 10,5 cm L.G. 40 L/13 der Fa. Krupp beträchtlich ab. Es besitzt alle Mängel, die dieser Art Geschütze anhaften, in verstärktem Maße.

10,5 cm LEICHTGESCHÜTZ 43

Gew.: 523,7 kg	RL: 137,7 cm	S/min: 6—7	SW: 7950 m

Besondere Merkmale: Lafette und Rohr sehr ähnlich Typ 42. Beim Spreizen der beiden rückwärtigen Holme heben sich die Räder vom Boden. Rundumfeuer. Eine besondere Zurrung hält das Rohr in Fahrstellung fest. Zerlegbar ohne besondere Werkzeuge, denn als Werkzeuge finden lediglich die Handräder der Höhen- und Seitenrichtmaschine Verwendung. Das Geschütz besteht aus 10 Baugruppen, von denen die schwerste 135 kg (Rohr) und die leichteste 7,5 kg (Visierhalterung) wiegt. Großer Oberschild, Unterschild.

Verwendung: Bei der Infanterie (als Spezial-Infanteriegeschütz), Fallschirm- und Gebirgstruppe.

Beurteilung: Wie 10,5 cm L.G. 42 L/17,5.

Im Jahre 1944 befanden sich auch **15 cm Leichtgeschütze** in der Entwicklung. Diese sollten vornehmlich das unhandliche 15 cm s. I.G. 33 (s. dort) ersetzen und bei der Fallschirmtruppe Verwendung finden, da dort ein schwereres Kaliber fehlte. Aufbau auf Selbstfahrlafette war zudem vorgesehen. Zur Indienststellung der 15 cm Leichtgeschütze kam es jedoch nicht. Eine dieser Entwicklungen war das 15 cm L.G. 290. Dieses Geschütz erreichte bei einer V_0 von 310 m/s eine Höchstschußweite von 7000 m. Bei der Kriegsmarine wurden ebenfalls Leichtgeschützentwicklungen betrieben. Ein 24 cm Rohr befand sich in der Erprobung. Etwa Mitte des Jahres 1944 wurde die Weiterentwicklung der Leichtgeschütze zugunsten des Hoch-Niederdrucksystems eingestellt, das ebenfalls den Bau leichter Rohre und einfacher, leichter Lafetten ermöglicht (s. 8 cm PWK 8 H 63).

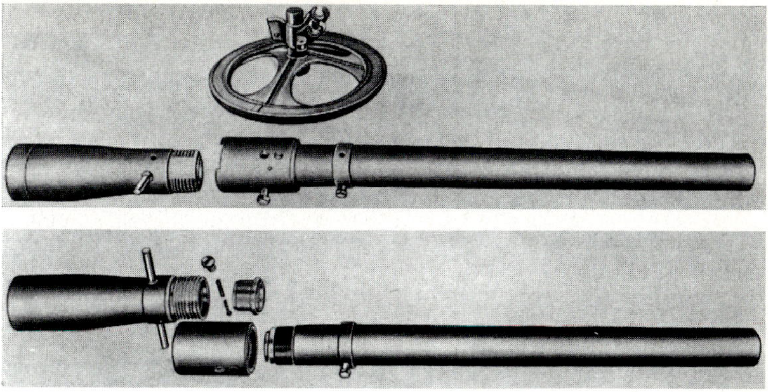

8 cm RÜCKSTOSSFREIER WERFER 43 (Prototyp)

Gew.: 104 kg RL: 147 cm S/min: unbek. SW: unbek.

Besondere Merkmale: Radförmige Grundplatte mit Pivotzapfen, daran Schildzapfenlager zur Aufnahme des Rohres. Glattes Rohr. Eine abnehmbare Hülse verbindet das Rohr mit der rückwärtigen Düse. Der Düsendurchmesser ist durch Austausch verschieden großer Lavaldüsen veränderbar. Die einzelnen Waffenbestandteile lassen sich rasch mittels Bajonettverschlüssen auseinandernehmen und zusammensetzen. Einfache, seitliche Schlagbolzenabfeuerung.

Verwendung: Keine näheren Angaben vorhanden.

Beurteilung: Eine der ersten Entwicklungen rückstoßfreier Kanonen zur Panzerabwehr. Sehr ähnlich der etwa gleichzeitigen US 75 mm recoilless rifle, einer 1-Mann-Mehrzweckwaffe, die noch in Korea mit Erfolg verwendet wurde.

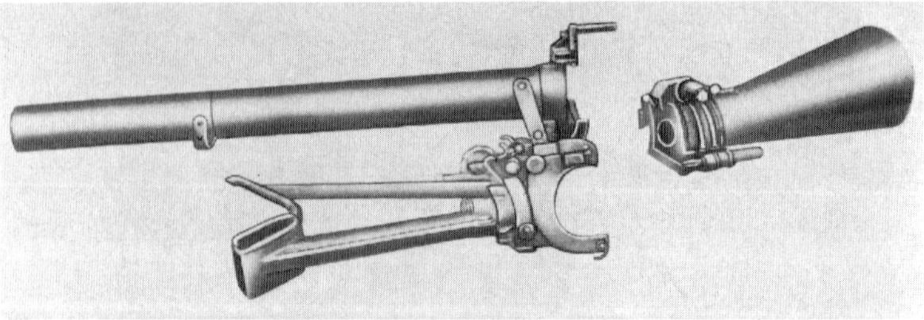

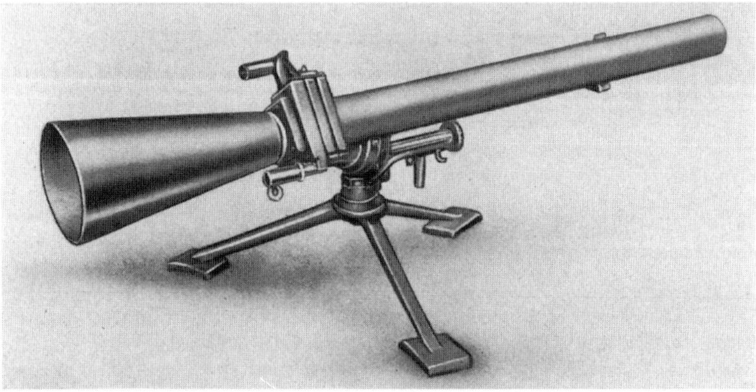

7,5 cm RÜCKSTOSSFREIE KANONE 43

Gew.: 43,1 kg RL: unbek. S/min: 20 SW: 2000 m (Kampfentfernung für Panzerabwehr: 300 m)

Ähnlich: 7,5 cm Rf.K. 43 (Boehler) (s. Bild nächste Seite)

Besondere Merkmale: Kleine, einfache Dreibeinlafette, die Rundumfeuer gestattet. Auf der Lafette ruht das in Schildzapfen gelagerte, gezogene Rohr. Am hinteren Rohrende ist die Düse angesetzt. Keine besondere Höhen- und Seitenrichteinrichtung, das Richten geschieht durch einfaches Schwenken der Waffe. Schlagbolzenabfeuerung befindet sich rechts am Rohr. Das Geschütz läßt sich für den Transport in 3 Teile zerlegen (Rohr, Düse und Dreibein).

Verwendung: Das Geschütz wurde von der Fa. Krupp entwickelt und weist alle Besonderheiten des Leichtgeschütztyps auf. Es kam nur in begrenzter Stückzahl, vornehmlich bei der Infanterie, als Panzerabwehrkanone zum Einsatz.

Beurteilung: Leichte und wirkungsvolle Waffe, jedoch behaftet mit allen Nachteilen eines Leichtgeschützes (s. Leichtgeschütze Allgemeines). Daher war das Geschütz bei der Truppe wenig beliebt.

Prototyp einer rückstoßfreien Kanone oder eines Raketenwerfers.

7,5 cm RÜCKSTOSSFREIE KANONE 43 (Boehler)

Von der Fa. Boehler als Panzerabwehrgeschütz für die Infanterie entwickelt. Es kam nicht zur Einführung in die Truppe.

Modell	7,5 cm L.G. 40 L/15,5	7,5 cm Rf.K. 43	8 cm Rf.W. 43	10,5 cm L.G. 40 L/13
Kaliber mm	75	75	80	105
Rohrlänge mm	1150	.	1470	1380
Seelenlänge mm	.	.	.	.
Gezogener Teil mm	458	.	—	798
Verbrennungsraum mm	206	.	.	481
Züge Zahl	28	.	—	32
Züge Tiefe mm	1,0	.	—	1,27
Züge Breite mm	5,1	.	—	5,9
Felderbreite mm	.	.	—	.
Drall, Art und Winkel	konstanter Rechtsdrall, 10°	.	—	zunehmender Drall 10°19' bis 15°
Abfeuerung	Schlagbolzen	Schlagbolzen	Schlagbolzen	Schlagbolzen
Rücklauf maximal mm	—	—	—	—
Rücklauf minimal mm	—	—	—	—
Richtmittel	L.G.-Z.E. Rdbl. F. 40			
Schwenkbereich°	60 | 360	360	—	80
Erhöhung°	−15+45 | −15+20	−5 +20	—	−15 +40°30'
Feuergeschwindigkeit S/min	8	20	.	6—7
Fahrstellung Länge mm	1970	.	.	.
Fahrstellung Breite mm	1040	.	.	.
Fahrstellung Höhe mm	970	.	.	.
Feuerstellung Länge mm	.	.	ca. 200	.
Feuerstellung Breite mm	.	.	.	.
Feuerstellung Höhe mm	.	.	.	.
Gewicht Fahrstellung kg	150	.	.	.
Gewicht Feuerstellung kg	145	43,1	104	388
V_0 maximal m/s	365	170	.	373
Kammerdruck atü	1830	.	.	.
Gebrauchsgasdruck m/t	.	.	.	.
Schußweite maximal m	6800	2000	.	7950
Zahl der Ladungen	1	1	.	1
Granaten	7,5 cm Gr. 34 7,5 cm Pz.Gr. rot 7,5 cm Gr. 38 Hl/B	7,5 cm Hl.Gr. Patr. 43	.	FH Gr. 41 10 cm Gr. 39

Modell	10,5 cm L.G. 42 L/17,5	10,5 cm L.G. 43	15 cm L.G. 290 (15 cm L.G. 42)
Kaliber mm	105	105	150
Rohrlänge mm	1836	1377	2600 (m. Düse)
Seelenlänge mm	.	.	.
Gezogener Teil mm	.	789	.
Verbrennungsraum mm	481	.	.
Züge Zahl	32	32	.
Züge Tiefe mm	.	1,3	.
Züge Breite mm	.	6,4	.
Felderbreite mm	.	.	.
Drall, Art und Winkel	konstanter Rechtsdrall, 10°	zunehmender Drall	.
Abfeuerung	Schlagbolzen	Schlagbolzen	.
Rücklauf maximal mm	—	—	—
Rücklauf minimal mm	—	—	—
Richtmittel	L.G.-Z.E. Rdbl. F. 40		
Schwenkbereich°	71° 15' | 360	70 | 360	360
Erhöhung°	—15 +42° 35' | —15 +20	—25 +40 | —25 +13	.
Feuergeschwindigkeit S/min	6—7	6—7	.
Fahrstellung Länge mm	2250	2591	.
Fahrstellung Breite mm	1460	1477	.
Fahrstellung Höhe mm	1680	1550	.
Feuerstellung Länge mm	.	1909	.
Feuerstellung Breite mm	.	2896	.
Feuerstellung Höhe mm	.	1372	.
Gewicht Fahrstellung kg	515	.	.
Gewicht Feuerstellung kg	485	523,7	700
V_0 maximal m/s	335	335	310
Kammerdruck atü	.	.	.
Gebrauchsgasdruck m/t	.	.	.
Schußweite maximal m	7950	7950	7000
Zahl der Ladungen	1	.	4
Granaten	FH Gr. FES FH Gr. 38 Stg. FES FH Gr. 41 10 cm Gr. 39 rot Hl/B u. Hl/C FH Gr. 38 Nb. FES FH Gr. Br.	wie 10,5 cm L.G. 42 L/17,5	

Panzerabwehrkanonen

2,8 cm schwere PANZERBÜCHSE 41

Gew.: 229 kg RL: 1714 mm V_0 Pz.Gran. 41: 1402 m/s

Ähnlich: 2,8 cm s. Pz.B. 41 (Ausführung für Fallschirmjäger) (Bild unten)

Besondere Merkmale: Konisches Rohr. Kaliber am Beginn der Züge 2,8 cm, an der Mündung 2 cm. Halbautomatischer Verschluß. Mündungsbremse. Spreizlafette. Richten der Waffe durch Druck auf Griffe, keine Handräder. Ausführung für Fallschirmjäger ohne Schutzschild, Leichtmetallfahrgestell und kleineren Luftgummirädern.

Verwendung: Eingeführt 1941 bei Infanterie und Pionierbataillonen. Auch auf Pz-Spähwagen Sd.Kfz. 222 und l. SPW Sd.Kfz. 250/11. Züge und Trupps zu drei Waffen.

Beurteilung: Zur Zeit der Einführung ausgezeichnete Waffe mit guter Durchschlagsleistung und hoher Feuergeschwindigkeit. Hoher Verschleiß des konischen Rohres. Lebensdauer 500 Schuß.

3,7 cm PAK 35/36 L/45

Gew.: 450 kg   RL: 1665 mm   S/min: 10—15 V_0 Pz.Gran.: 762 m/s

Ähnlich: 3,7 cm KwK L/45

Besondere Merkmale: Spreizlafette mit Rohrholmen und Schutzschild von 5 mm Stärke. Räder mit Luftgummibereifung. Keine Mündungsbremse. Horizontaler Schubkurbelkeilverschluß. Rücklaufbremse und Vorholer in der Wiege.

Verwendung: Entwickelt in den Jahren 1933/34. Erprobung im spanischen Bürgerkrieg. Standardwaffe der Pz.Abw.Kp. des Inf.Regt. und der Pz.Abw.-Abt. der Divisionen (je Kp. 12 Geschütze); ferner in Zügen zu je 3 Gesch. bei Aufkl.Abt., mot. Schützen, Kradschützen bei Kriegsbeginn. Ersetzt ab Ende 1940 durch 5 cm Pak 38. Auch eingebaut in SPW Sd.Kfz. 250/10 und 251/10.

Beurteilung: Unbefriedigende Durchschlagsleistung. Diese wurde verbessert durch Einführung der Pz.Gran. 40 mit Hartkern. Gute Beweglichkeit durch geringes Gewicht. Auch auf Fahrzeugen und für Luftlandeeinsatz geeignet.

4,2 cm leichte PAK 41

Gew.: 560 kg RL: 2250 mm S/min: 10—12 V_0 Pz.Gran. 41: 1265 m/s

Besondere Merkmale: Konisches Rohr. Kaliber am Beginn der Züge 4,2 cm, an der Mündung 2,8 cm. Dadurch hohe Mündungsgeschwindigkeit. Horizontaler Schubkurbelkeilverschluß. Keine Mündungsbremse. Granate mit Kern aus Tungstenstahl. Abgeändertes Fahrgestell der 3,7 cm Pak 35/36. Federung mittels aus 6 Federblättern zusammengesetzten Drehstäben. Einmannbedienung für Visier, Höhen- und Seitenrichtung sowie Abfeuerung. Doppelter Schild mit 40 mm Abstand.

Verwendung: Eingeführt 1941. Wegen Mangel an Wolfram für die Herstellung von Tungstenstahl für die Munition wurde die Produktion eingestellt.

Beurteilung: Ausgezeichnete Durchschlagsleistung bei sehr geringem Waffengewicht. Hoher Verschleiß des konischen Rohres. Die Mündungsgeschwindigkeit war gegenüber 3,7 cm Pak um 35% erhöht, das Geschoßgewicht jedoch geringer.

5 cm PAK 38 L/60

Gew.: 986 kg RL: 2975 mm S/min: 12—14 V_0 Pz.Gran. 38: 823 m/s

Ähnlich: 5 cm KwK L/42
5 cm KwK L/60

Besondere Merkmale: Halbautomatischer, horizontaler Flachkeilverschluß. Mündungsbremse. Fahrgestell drehstabgefedert mit Vollgummibereifung. Spreizlafette. Zwei 4 mm starke Schilde in 25 mm Abstand. Gleiche Munition wie für die beiden ähnlichen Kampfwagenkanonen.

Verwendung: Erteilung des Konstruktionsauftrages 1938. Ende 1940 meist in Form einzelner Züge bei Pz.Jäg.Kp. (3,7 cm/5 cm) bei der Truppe eingeführt. Später ersetzt durch 7,5 cm Pak 40 und 7,5 cm Pak 41. Später von Luftwaffe übernommen und mit halbautomatischer Munitionszuführung als Bordkanone und Flak verwendet (siehe 5 cm Flak 214).

Beurteilung: Zufriedenstellende Leistungen zur Zeit der Einführung. Später erwies sich die Waffe als zu schwach gegen die sowjetischen Panzer. Standardisierung der Munitionsherstellung durch Verwendung der gleichen Munition für drei Geschütze.

7,5 cm PAK 40 L/46

Gew.: 1425 kg RL: 3450 mm S/min: 12—14 V_0 Pz.Gran. 39: 792 m/s

Ähnlich: 7,5 cm KwK 40 L/43
7,5 cm KwK 40 L/48
7,5 cm StuK 40 L/48
7,5 cm Pak 39 L/48

Besondere Merkmale: Halbautomatischer, horizontaler Schubkurbelkeilverschluß. Mündungsbremse. Spreizlafette mit Rohrholmen. Fahrgestell mit Drehstabfederung und Vollgummibereifung. Zwei Schilde von 4 mm Stärke mit 25 mm Abstand, niedrig und nach den Seiten abgewinkelt. Rücklaufbremse und Vorholer in der Wiege.

Verwendung: Konstruktionsauftrag erteilt an Rheinmetall-Borsig im Jahre 1939. Im Einsatz ab 1941 als Standardwaffe der Panzerabwehr. Auch eingebaut als Selbstfahrlafette auf Fahrgestell Pz.Kpfw. II, 38 (t) „MARDER“ und Lorraine sowie RSO. Kp. bei PzJägAbt und GrenRgt zu je 9 Geschützen, teilweise auch 12 Geschützen; später (ab 1943) bei GrenRgt meist nur noch 1 Zug zu 3 Pak innerhalb der 14. (PzJäg)Kp; ebenso Züge bei Aufkl.Abt. (FüsilierBtl.)

Beurteilung: Zufriedenstellende Durchschlagsleistung zur Zeit der Einführung. Später wurde das Gewicht für den Transport im schweren Gelände Rußlands in den Winter- und Frühjahrsmonaten als zu hoch betrachtet.

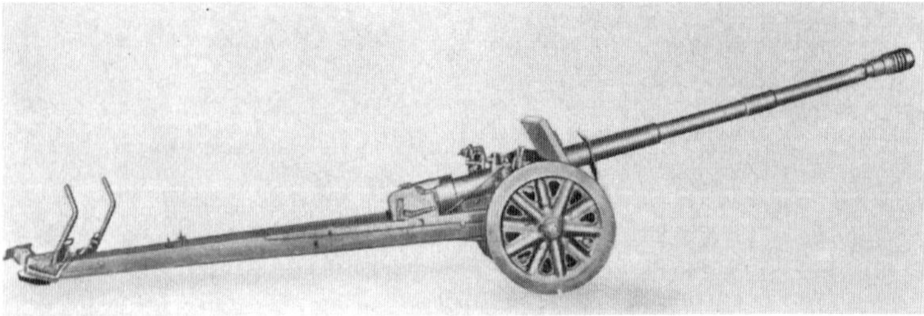

7,5 cm PAK 41 L/55

Gew.: 1340 kg RL: 4322 mm S/min: 12—14 V_0 Pz.Gran. 41 (n): 1210 m/s

Besondere Merkmale: Konisches Rohr. Kaliber am Beginn der Züge 7,5 cm, an der Mündung 5,5 cm. Halbautomatischer, vertikaler Schubkurbelkeilverschluß. Mündungsbremse. Spreizlafette mit Vollgummibereifung. Granate mit Kern aus Tungstenstahl.

Verwendung: Konstruktionsbeginn bei Krupp im Jahre 1939. Parallelentwicklung zur 7,5 cm Pak 40. Erster Einsatz Ende 1941. Nur etwa 150 Stück hergestellt und bis zum Verbrauch der vorhandenen Munitionsvorräte wie 7,5 cm Pak 40 bei Sondereinheiten verwendet.

Beurteilung: Hervorragende Waffe, die nur wegen Mangels an Wolfram zur Herstellung der Tungstenstahlmunition nicht als Standardwaffe der Panzerabwehr zur Einführung gelangte. Besonders auf kleine und mittlere Entfernung der 7,5 cm Pak 40 in bezug auf Durchschlagsleistung weit überlegen. Hoher Verschleiß des konischen Teiles des Rohres (Lebensdauer etwa 500 Schuß), jedoch im Feld auswechselbar.

7,5 cm PAK 97/38 L/36,3

Gew.: 1190 kg RL: 2720 mm S/min: 10—12 V_0 Pz.Gran.: 570 m/s

Besondere Merkmale: Rohr der französischen Feldkanone 97 auf dem Fahrgestell der 5 cm Pak 38. Lange Mündungsbremse. Exzentrischer, handbedienter Schraubverschluß.

Verwendung: Eingeführt 1942; wie die anderen 7,5 cm Pak.

Beurteilung: Notlösung. Wegen der sehr geringen Mündungsgeschwindigkeit war die Waffe nur bei Verwendung von Hohlladungsmunition zur Panzerbekämpfung geeignet. Bei der Truppe nicht beliebt.

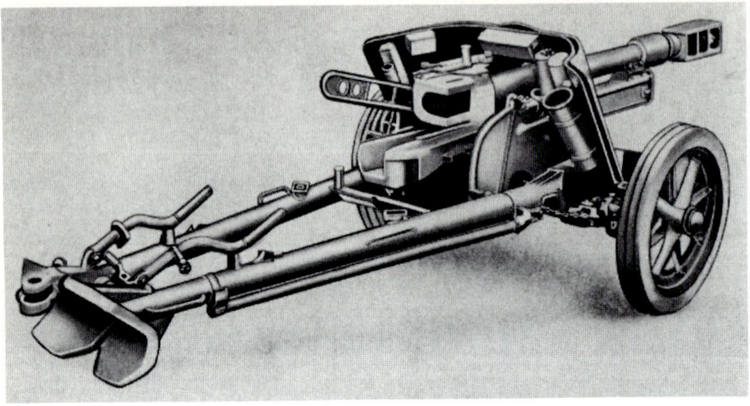

7,5 cm PAK 50

RL: 2245 mm

Besondere Merkmale: Kurzläufige Panzerabwehrwaffe. Gekürztes Rohr der 7,5 cm Pak 40 auf der abgeänderten Unterlafette der 5 cm Pak 38. Zwei verschiedene Arten von Mündungsbremsen verwendet. Bauart des Verschlusses weicht von der 7,5 cm Pak 40 ab.

Verwendung: Bei der Infanterie in kleinerer Anzahl (Zugweise) Ende 1944 eingeführt.

Beurteilung: Notlösung. Leicht bewegliche Waffe. Im Mannschaftszug durch zwei bis drei Mann beförderbar. Ungenügende Durchschlagsleistung durch zu geringe Mündungsgeschwindigkeit.

7,62 cm PAK 36 (r) L/51

Gew.: 1710 kg RL: 3895 mm S/min: 10—12 V_0 Pz.Gran. 39: 740 m/s

Ähnlich: 7,62 cm Pak 39 aus 7,62 cm F.K. 297 (r)

Besondere Merkmale: Erbeutete sowjetische Feldkanone Modell 36 (deutsche Bezeichnung 7,62 cm F.K. 269 (r)). Vergrößerung der Kammer und Anbau einer Mündungsbremse. Halbautomatischer, vertikaler Flachkeilverschluß. Höhen- und Seitenrichtung links für Einmannbedienung. Spreizlafette. Luftgummibereifung. 7,62 cm Pak 39 aus erbeuteten sowjetischen Feldkanonen Modell 39, kürzere Rohrlänge.

Verwendung: Ab 1941 in großer Anzahl wie 7,5 cm Pak verwendet. Auch auf Selbstfahrlafette auf Fahrgestell Pz. Kpfw. II und 38 (t).

Beurteilung: Durch Umbau Verwendung als Panzerabwehrwaffe möglich. Ballistische Leistungen denen der 7,5 cm Pak 40 unterlegen. Bezüglich des Gewichtes gilt das gleiche wie bei dieser.

8,8 cm PAK 43 L/71

Gew.: 5000 kg RL: 6610 mm SW: 15300 m V_0 Pz.Gran. 39: 1000 m/s

Ähnlich: 8,8 cm KwK 43 L/71
8,8 cm Pak 43/2 und 43/3

Besondere Merkmale: Kreuzlafette mit zwei Einachsprotzen, ähnlich der 8,8 cm Flak. Im Notfall auch ohne Absenken abfeuerbar. Sehr leistungsfähiges Schwenkwerk mit pedalbedienter Freigabe für freies Schwenken. Elektrisch abgefeuert vom Bedienungsmann am Höhenrichtrad. Unterbrecher für Feuermechanismus, wenn Verschluß über einem Arm der Lafette bei mehr als 28° Erhöhung. Halbautomatischer, vertikaler Flachkeilverschluß. Mündungsbremse.

Verwendung: Beginn der Entwicklung 1940 bei Krupp als Flak. Später als Pak und KwK weiter entwickelt. Ab 1943 im Einsatz. Eingebaut in den Jagdpanzern „Jagdpanther" (43/3) und „Elephant" (43/2), sowie in Selbstfahrlafette „Nashorn". Teilweise in Bttr. zu 4 bis 6 Gesch. bei je 1 Abt. des Art.Rgt. von Divisionen der Gliederungen 1944/1945.

Beurteilung: Ausgezeichnete Durchschlagsleistung. Während des Krieges unerreichte Waffe dieser Klasse. Sehr niedrige Silhouette, Oberkante des Schildes in Feuerstellung nur 1,7 m über dem Boden.

8,8 cm PAK 43/41 L/71

Gew.: 4380 kg RL: 6610 mm SW: 15300 m V_0 Pz.Gran. 39: 1000 m/s

Besondere Merkmale: Gleiches Rohr wie 8,8 cm Pak 43. Halbautomatischer, horizontaler Schubkurbelkeilverschluß. Spreizlafette. Holme ähnlich denen der 10,5 cm leichten Feldhaubitze 18. Räder der 15 cm Feldhaubitze.

Verwendung: Eingeführt Ende 1943 wegen Dringlichkeit der Kriegslage und zu geringer Produktion der 8,8 cm Pak 43. Bei Divisionsartillerie wie 8,8 cm Pak 43.

Beurteilung: Spreizlafette als Notlösung wegen langsamer Produktion der Kreuzlafette der 8,8 cm Pak 43. Gegenüber dieser wirkt die Waffe hoch und plump. Halbautomatik des Verschlusses unterlegen. Ballistisch gleiche Leistungen.

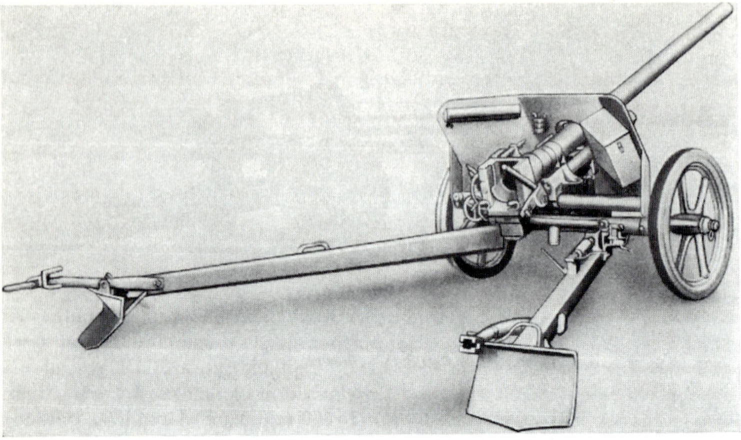

8 cm PANZERABWEHR-WURFKANONE 8 H 63
(Früher 8 cm PAW 600, oberes Bild)

Gew: 630 kg RL: 3032 mm (ohne Mündungsbr.) S/min: 6—8
SW: 5100 m (Kampfentfernung für Panzerabwehr: 800 m)

Besondere Merkmale:

a) **Lafette:** Spreizlafette mit schlanken, dünnen Rohrholmen, fest verbundene Erdsporne. Drehstabachsfederung, beim Spreizen der Holme selbsttätig ausgeschaltet. Stahlgußspeichenräder mit perforierter Gummiauflage. Glattes, dünnwandiges Rohr mit stark wirkender Mündungsbremse. Leicht abnehmbares Bodenstück. Besondere und neuartige Innenballistik (Hoch-Niederdruck-System). Im Bodenstück halbautomatischer Schubkurbelkeilverschluß. Rücklaufbremse und Vorholer in der Wiege unterm Rohr. Zwei Drehstabfeder-Ausgleicher. Großer, nach hinten gezogener Schild.

b) **Munition**: Verwendet wird die 8 cm Wurfgranate. Das flügelstabilisierte Geschoß mit Führungsring ist mit der Kartusche fest verbunden. Am Oberrand der Kartusche ist eine mit 8 Löchern versehene Düsenplatte angebracht, die sich bei dem Ladevorgang an eine Stufe im Rohr anlehnt. Sie teilt damit den Ladungsraum in einen Hoch- und in einen Niederdruckraum. Das Geschoß ist durch eine Schaftverlängerung (mit Abreißquerschnitt) mit der Düsenplatte verbunden und mit dieser in die Hülse fest eingesetzt (Patronenmunition). Durch diese Anordnung wird in dem vor der Düsenplatte liegenden Niederdruckraum nach dem Ausströmen der Treibgase durch die Bohrungen der Düsenplatte ein etwa konstanter Druck (Niederdruck) erzeugt. Sobald ein bestimmter Druck im Niederdruckraum erreicht ist, schert das Geschoß im Abreißquerschnitt ab, und es wird mit fast gleichbleibendem Druck aus dem glatten Rohr geschoben. Dieses neuartige Antriebssystem gestattet den Bau leichter Rohre. In Verbindung mit einer leistungsfähigen Mündungsbremse ermöglicht es gleichzeitig den Bau verhältnismäßig leichter Lafetten.

Verwendung: Im Februar/März 1945 standen etwa 150 Geschütze für die Infanterie bereit. Sie kamen jedoch nicht mehr zum Einsatz. Die Munition war, wie zahlreiche Versuche ergeben hatten, ausreichend erprobt. Die Munitionsfertigung jedoch wies noch Mängel auf, die die Treffähigkeit beeinträchtigten. Diese Mängel waren vornehmlich durch Fabrikationsschwierigkeiten bedingt, die gegen Ende des Krieges (Frühjahr 1945) herrschten.
Das Geschütz sollte das Standard-Panzerabwehrgeschütz der Infanterie werden.

Beurteilung: Abkehr von herkömmlichen Prinzipien, die bei allen bisherigen Geschützentwicklungen verfolgt wurden. Völlig neuartiges Geschütz, sowohl hinsichtlich der Rohr-, als auch hinsichtlich der Lafettenkonstruktion. Vereinfachte Fertigung (kaltgezogenes Rohr), dadurch Ausstoß hoher Stückzahlen in kurzer Zeit möglich. Durch Verwendung von Hohlladungsgeschossen versprach das sehr leichte Geschütz ein ideales Panzerabwehrgeschütz der Infanterie zu werden. Stellungswechsel im Mannschaftszug möglich. Die Vorstufe zu diesem Geschütz war auch unter der Bezeichnung **8 cm PAW 600** (8 cm Panzerabwehrwerfer 600) bekanntgeworden. Es befand sich außerdem noch ein 10 cm Werfer in Entwicklung. Mit einer V_0 von etwa 1000 m/s sollte die Panzerkampfentfernung von 800 m auf rund 1000 m gesteigert werden bei einer Durchschlagsleistung von 200 mm Panzerstahl. Diese Entwicklung blieb jedoch unvollendet, denn die Stabilisierung der Geschosse bei so hoher V_0 bereitete beachtliche Schwierigkeiten. Diese Entwicklung wurde **10 cm PAW 1000** (später Panzerabwehr-Wurfkanone PWK 10 H 64) bezeichnet.

Modell	s. Pz.B. 41	s. Pz.B. 41*)	Pak 35/36	le. Pak 41
Kaliber mm	28/20	28/20	37	42/28
Rohrlänge mm	1714	1714	1665	2250
Gezogener Teil mm	1270	1270	1308	1700
Verbrennungsraum mm	.	.	.	424
Verbrennungsraum cm^3	.	.	380	.
Züge Zahl	12	12	16	12
Drall, Art und Steigung	rechts zunehmend	rechts zunehmend	rechts zunehmend	rechts zunehmend
Abfeuerung	.	.	.	.
Rücklauf normal	241	241	560	.
Rücklauf maximal	280	280	570	400
Richtmittel	.	.	ZF 1×11°	ZF 1×11°
Schwenkbereich°	90	.	60	41
Erhöhung°	−5 +45	.	−8 +25	−8 +25
Feuergeschwindigkeit S/min	.	.	10—15	10—12
Fahrstellung Länge mm	2690	.	3400	3690
Fahrstellung Breite mm	965	.	1650	1660
Fahrstellung Höhe mm	838	.	1170	1210
Feuerstellung Länge mm	.	.	.	.
Feuerstellung Breite mm	.	.	.	.
Feuerstellung Höhe mm	.	.	.	.
Gewicht Fahrstellung kg	229	118	450	560
Gewicht Feuerstellung kg	229	118	450	560
V_0 Panzergranate	—	—	762	—
V_0 Panzergranate mit Kern	1402	1402	1030	1265
V_0 Sprenggranate	1400	1400	745	.
V_0 Hohlladungsgranate	—	—	110	—
Schußweite maximal m	.	.	7200	.
Granaten	Pz.Gr. Patr. 41 Sp.Gr. Patr. 41	Pz.Gr. Patr. 41 Sp.Gr. Patr. 41	Pz.Gr. Pz.Gr. 40 Sp.Gr. Stiel-Gr. 41	Pz.Gr. 41 Sp.Gr. 41
Bemerkungen		*) Ausführung für Fallschirmjäger		

Modell	Pak 38	Pak 40	Pak 41	Pak 97/38
Kaliber mm	50	75	75/55	75
Rohrlänge mm	2975	3450	4322	2720
Gezogener Teil mm	2393,5	2852,5	2397	.
Verbrennungsraum mm	444	716	540	.
Verbrennungsraum cm³	.	3500	.	.
Züge Zahl	20	32	28	24
Drall, Art und Steigung	rechts zunehmend	rechts zunehmend	rechts zunehmend	rechts gleichbleibend
Abfeuerung	.	.	.	.
Rücklauf normal mm	700	865	700	700
Rücklauf maximal mm	730	920	730	900
Richtmittel	ZF 3×8°	ZE 38 3×8°	.	.
Schwenkbereich°	65	65	60	60
Erhöhung°	—8 +27	—5 +22	—10 +16°45'	—8 +18
Feuergeschwindigkeit S/min	12—14	12—14	12—14	10—12
Fahrstellung Länge mm	4750	6185	7490	4650
Fahrstellung Breite mm	1830	2080	1900	1850
Fahrstellung Höhe mm	1105	1245	1800	1050
Feuerstellung Länge mm	.	.	.	.
Feuerstellung Breite mm	.	.	.	.
Feuerstellung Höhe mm	.	.	.	.
Gewicht Fahrstellung kg	1000	1500	1880	1270
Gewicht Feuerstellung kg	986	1425	1340	1190
V_0 Panzergranate	823	792	—	570
V_0 Panzergranate mit Kern	1198	933	1124	—
V_0 Sprenggranate	549	550	—	577
V_0 Hohlladungsgranate	—	450	—	450
Schußweite maximal m	9400	.	.	.
Granaten	Pz.Gr. Pz.Gr. 40 Sp.Gr.	Pz.Gr. Patr. 39 Pz.Gr. Patr. 40 Sp.Gr. Patr. 34 Hohl.	Pz.Gr. 41 (HK) Pz.Gr. 41 (n)	K.Gr. Patr. Pz. Sp.Gr. 233/1 (f) Sp.Gr. 230/1 (f) Sp.Gr. 236/1 (f) Sp.Gr. 231/1 (f) Gr.Patr. 38/97 HL/B (f) Gr.Patr. 15/38 HL/B (f)

Modell	Pak 36	Pak 50	Pak 43	Pak 43/41	8 cm PWK 8 H 63
Kaliber mm	76,2	75	88	88	80
Rohrlänge mm	3895	2245	6610	6610	3032
Gezogener Teil mm	2930	1435	5125	5125	—
Verbrennungsraum mm	718	259	859	859	165,1
Verbrennungsraum cm³	3485	.	9000	9000	.
Züge Zahl	32	.	32	32	—
Drall, Art	rechts	.	rechts	rechts	—
Steigung	gleichbleib.	.	gleichbleibend	zunehmend	—
Abfeuerung	.	.	elektrisch	.	Schlagbolzen
Rücklauf normal mm	900	.	750	680	.
Rücklauf maximal mm	1000	.	1200	720	670
Richtmittel	ZE 38 m. ZF 3×8°	ZF 3×8°, Aushilfs- richtm.	ZE 43 S, Vo m. ZF 3×8°*) und Aushilfsrichtm. 38 o. WZF 1/4 und Aushilfsrichtm. 38	ZE 43 S, Vo m. ZF 3×8°*) und ZE 34 m. Rbl 32 o. 36	Z.E. m. Zf. 3×8 AR 38
Schwenkbereich°	60	65	360	56	78
Erhöhung°	—6 +18	—8 +27	—8 +40	—5 +38	—6 +32
Feuergeschwindigkeit S/min	10—12	.	.	.	6—8
Fahrstellung Länge mm	7320	4016	9200	9144	5250
Fahrstellung Breite mm	2000	1855	2200	2527	1780
Fahrstellung Höhe mm	1400	1054	2050	1981	1850
Feuerstellung Länge mm	.	.	9200	.	5175
Feuerstellung Breite mm	.	.	.	.	3166
Feuerstellung Höhe mm	.	.	1700	.	1130
Gewicht Fahrstellung	1710	.	5000	4380	640
Gewicht Feuerstellung	1710	.	.	.	630
V_0 Panzergranate	740	.	1000	1000	520
V_0 Panzergranate mit Kern	990	.	1130	1130	.
V_0 Sprenggranate	550	.	700—750	700—750	.
V_0 Hohlladungsgranate	450	.	600	—	.
Schußweite maximal m	10000	.	15300	15300	5100
Granaten	Pz.Gr. 39	.	Pz.Gr. Patr. 39-1	=	8 cm W. Hl. Gr. Patr. 4462
	Pz.Gr. 40		Pz.Gr. Patr. 39/43	=	8 cm W. Gr. Patr.
			Pz.Gr. Patr. 40/43	=	
	Sp.Gr. 39		Sp.Gr. Patr.	=	
			Sp.Gr. Patr. 43	=	
	HL. Gr. 38		Gr. Patr. 39 HL		
			Gr. Patr. 39/43 HL		
Bemerkungen			*) Auch ZF 3×8°/11	= =	Hochdr.: 1200 atü Niederdr.: 800 atü

Modell	s. Pz.B. 41	Pak 35/36		l. Pak 41	Pak 38		Pak 40		Pak 41
Kaliber cm	2,8/2,0	3,7		4,2/2,8	5,0		7,5		7,5/5,5
Panzergranate Modell	41	.	40	41	38	40	39	40	41 (HK)
Gewicht kg	0,1305	0,68	0,354	0,336	2,25	0,975	6,8	3,2	2,59
V_0 m/s	1402	762	1030	1265	823	1198	792	933	1124
Durchschlagsleistung bei Aufschlagswinkel 90°									
auf 0 m	.	.	.	124	99	165	149	176	245
auf 457 m	66	48	51	87	78	120	135	154	209
auf 915 m	.	.	.	60	61	84	121	133	177
auf 1372 m	.	.	.	.	47	.	109	115	149
auf 1829 m	.	.	.	.	.	.	98	98	124
auf 2286 m	.	.	.	.	.	.	.	83	.
Durchschlagsleistung bei Aufschlagswinkel 60°									
auf 0 m	.	.	.	95	73	143	121	137	200
auf 457 m	52	36	43	72	61	86	106	115	171
auf 915 m	.	.	.	53	50	55	94	96	145
auf 1372 m	.	.	.	.	40	.	83	80	122
auf 1829 m	.	.	.	.	.	.	73	66	102
auf 2286 m	.	.	.	.	.	.	.	53	.
Granate Art	Spreng	Spreng	Stiel	Spreng	Spreng		Spreng	Hohl	Panzer
Modell	41	.	41	41	38		34	.	41 (n)*)
Gewicht kg	0,085	0,625	8,5	0,29	1,96		5,74	.	2,48
V_0 m/s	1400	745	110	.	549		550	.	1210
Bemerkungen									*) Übungsgeschoß

Pak-Durchschlagsleistungen

Modell	Pak 97/38		Pak 50	Pak 36		Pak 43 Pak 43/41		
Kaliber cm	7,5		7,5	7,62		8,8		
Panzergranate Modell	(P)		.	39	40	39—1	39/43	40/43
Gewicht kg	6,71		.	7,54	4,05	10,4	10,16	7,3
V_0 m/s	570		.	740	990	1000	1000	1130
Durchschlagsleistung bei Aufschlagswinkel 90°								
auf 0 m	.		.	133	190	.	225	311
auf 457 m	.		.	120	158	.	207	274
auf 915 m	.		.	108	130	.	190	241
auf 1372 m	.		.	97	106	.	174	211
auf 1829 m	.		.	87	84	.	159	184
auf 2286 m	.		.	78	65	.	145	159
Durchschlagsleistung bei Aufschlagswinkel 60°								
auf 0 m	.		.	108	152	.	198	265
auf 457 m	.		.	98	118	.	182	226
auf 915 m	.		.	88	92	.	167	192
auf 1372 m	.		.	79	71	.	153	162
auf 1829 m	.		.	71	55	.	139	136
auf 2286 m	.		.	64	43	.	127	114
Granate Art	Spreng	Hohl	.	Spreng	Hohl	Spreng	Spreng	Hohl
Modell	233/1 (f)*)	38/97 (f)**)	.	39	38	.	43	39 39/43
Gewicht kg	6,08	.	.	6,2	.	9,4	9,4	7,65
V_0 m/s	577	450	.	550	450	700	750	600
Bemerkungen	*) außerdem 230/1 (f) 231/1 (f) 236/1 (f) **) außerdem 15/38 (f)							

Leichte Feldgeschütze

7,5 cm FELDKANONE 16 n.A. (= neuer Art) L/36

Gew.: 1524 kg RL: L/36 (270 cm) S/min: 8—10 SW: 12300 m

Besondere Merkmale: Genietete Kastenlafette mit Klappsporn. Holzspeichenräder mit Stahlfelgen, Schleifbremsen. Vollrohr. Abnehmbares Bodenstück mit Gleithebelverschluß. Rücklaufbremse und Vorholer in der Wiege unter dem Rohr. Großer, im oberen Teil leicht nach rückwärts gezogener Schild. Vor dem Schild rechts und links vom Rohr zwei Kanoniersitze.

Verwendung: Im Jahre 1934 als Ersatz für die veraltete, noch aus dem ersten Weltkrieg stammende 7,7 cm F.K. 16 bei der reitenden Artillerie eingeführt. Die Lafette der 7,7 cm F.K. 16 wurde jedoch im wesentlichen übernommen. Batterien zu 4 Geschützen; im letzten Teil des Krieges auch bei den Artillerieregimentern einzelner Divisionen.

Beurteilung: Geschütz von herkömmlicher Bauart ohne Besonderheiten.

7,5 cm le. F.K. 18 L/26

7,5 cm leichte FELDKANONE 18 L/26

Gew.: 1120 kg   RL: L/26 (194 cm)   S/min: 8—10   SW: 9425 m

Besondere Merkmale: Spreizlafette mit genieteten Kastenholmen. Die hinteren Holmenden, einschließlich der festen Erdsporne, werden in Feuerstellung nach hinten aufgeklappt. Holzspeichenräder mit Stahlfelgen, Trommelbremsen. Achsfederung, beim Spreizen der Holme selbsttätig ausgeschaltet. Vollrohr mit abnehmbarem Bodenstück. Horizontal gleitender Schubkurbelkeilverschluß. Zwei Federausgleicher. Rücklaufbremse und Vorholer in der Wiege unter und über dem Rohr. Nicht sehr großer Oberschild, abklappbarer Unterschild.

Verwendung: Entwicklung der Fa. Krupp aus den Jahren 1930 bis 1931. Fertigung erst 1938 aufgenommen, in diesem Jahr auch Einführung bei der reitenden Artillerie-Abteilung der Kavallerie-Brigade. Sollte die 7,5 cm F.K. 16 n.A. ersetzen. Batterien zu 4 Kanonen.

Beurteilung: Das Geschütz ist erheblich leichter als die 7,5 cm F.K. 16 n.A., erreichte jedoch nicht deren Höchstschußweite.

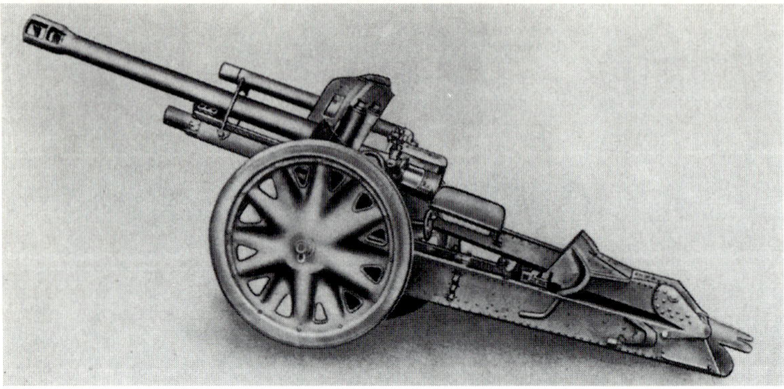

7,5 cm FELDKANONE 38 L/34

Gew.: 1380 kg   RL: L/34 (255 cm)   S/min: 10—12   SW: 11 300 m

Besondere Merkmale: Spreizlafette mit genieteten Kastenholmen. Die hinteren Holmenden, einschließlich der festen Erdsporne, werden in Feuerstellung nach hinten aufgeklappt. Holzspeichenräder mit Stahlfelgen oder Stahlgußspeichenräder mit Vollgummiauflage, Trommelbremsen. Langes, schlankes Vollrohr mit Mündungsbremse. Abnehmbares Bodenstück mit horizontal gleitendem, halbautomatischem Flachkeilverschluß. Zwei Federausgleicher. Rücklaufbremse und Vorholer in der Wiege unter und über dem Rohr. Oberschild, abklappbarer Unterschild. Patronenmunition.

Verwendung: Das Geschütz wurde von der Fa. Krupp im Auftrag der brasilianischen Regierung konstruiert. 1940 waren etwa 65 Geschütze an Brasilien ausgeliefert. Weitere rund 80 Geschütze übernahm das deutsche Oberkommando des Heeres und stellte sie 1942 in Dienst. Das Geschütz sollte die 7,5 cm le. F.K. 18 ersetzen.

Beurteilung: Das Geschütz bringt gegenüber der 7,5 cm le. F.K. 18 eine Leistungssteigerung, ohne jedoch das günstige Gewicht dieses Geschützes zu erreichen.

7,5 cm FELDKANONE 7 M 85

Gew.: 1778 kg RL: 320,1 cm S/min: 8—10 SW: 10 275 m

Ähnlich: 7,5 cm K. 7 M 59

Besondere Merkmale: Das Rohr, die Wiege mit Rücklaufbrems- und Vorholeinrichtung der 7,5 cm Pak 40 (s. dort) ist in die Lafette der 10,5 cm le. F.H. 18/40 (s. dort) eingelagert, welche der Lafette der 7,5 cm Pak 40 ohnehin nahekommt. Die Lafette der 10,5 cm le. F.H. 18/40 ermöglicht eine Rohrerhöhung von 42°, was gegenüber der 7,5 cm Pak 40 eine Steigerung um 22° bedeutet.
Typ 59 letzte bekanntgewordene Entwicklung, die Lafette der 7,5 cm Pak 40 für Feldartilleriezwecke, d. h. für größere Rohrerhöhungen geeignet zu machen. Erhöhung 35°, Gewicht 1450 kg, Höchstschußweite 13 300 m.

Verwendung: Das Geschütz wurde als eine Kombination zwischen Feldgeschütz und Panzerabwehrgeschütz im Jahre 1944 in begrenzter Stückzahl bei der Divisionsartillerie (z. B. Volksgrenadierdivisionen) in Dienst gestellt.

Beurteilung: Zu schwer, sonst feld- und kampfbrauchbar. Die notwendigen Eigenschaften eines Feldgeschützes und eines Panzerabwehrgeschützes wurden jedoch nicht voll erreicht. Das Geschütz wurde daher nur als Behelfslösung angesehen. Ausschlaggebend für die Einführung war, daß für seine Herstellung die vorhandenen Fertigungskapazitäten ausgenutzt werden konnten.

10,5 cm leichte FELDHAUBITZE 16 L/22

Gew.: 1525 kg RL: L/22 (231 cm) S/min: 6—8 SW: 9225 m

Besondere Merkmale: Genietete Kastenlafette mit Klappsporn. Holzspeichenräder mit Stahlfelgen, Schleifbremsen. Vollrohr. Abnehmbares Bodenstück mit Gleithebelverschluß. Rücklaufbremse und Vorholer in der Wiege unter dem Rohr. Großer, im oberen Teil leicht nach rückwärts gezogener Schild. Vor dem Schild rechts und links vom Rohr zwei Kanoniersitze.

Verwendung: Dieses Geschütz war bis zur Einführung der 10,5 cm le.F.H. 18 die Standard-Haubitze der Divisionsartillerie. Die Lafette der 7,7 cm F.K. 16 wurde im wesentlichen übernommen. Die 10,5 cm le. F.H. 16 und die 7,5 cm F.K. 16 n.A. waren sich daher äußerlich sehr ähnlich, denn auch die letztere entstand aus der 7,7 cm F.K. 16.
Das Geschütz war teilweise noch bis Kriegsende 1945 mit Erfolg in Gebrauch. Batterien zu 4 Geschützen.

Beurteilung: Geschütz von herkömmlicher Bauart ohne Besonderheiten. Es hat sich bewährt.

10,5 cm leichte FELDHAUBITZE 18 L/28

Gew.: 1985 kg RL: L/28 (294,1 cm) S/min: 6—8 SW: 10675 m

Besondere Merkmale: Spreizlafette mit genieteten Kastenholmen und großen Klappspornen. Holzspeichenräder mit Stahlfelgen oder Stahlgußspeichenräder mit Vollgummiauflage, aufgehängt an gefederten Stummelachsen. Trommelbremsen. Vollrohr mit abnehmbarem Bodenstück, horizontal gleitender Schubkurbelflachkeilverschluß. Rücklaufbremse und Vorholer in der Wiege unter und über dem Rohr. Luftausgleicher. Kleiner Oberschild, abklappbarer Unterschild.

Verwendung: Entwicklung der Fa. Rheinmetall aus den Jahren 1928 bis 1929, Einführung in die Truppe jedoch erst 1935. Das Geschütz wurde die Standard-Haubitze der Divisionsartillerie und blieb es bis zur Einführung der 10,5 cm le. F.H. 18 M und der 10,5 cm le. F.H. 18/40 (s. dort). Batterie zu 4 Geschützen.

Beurteilung: Handliches Geschütz mit standfester Lafette. Rasches Richten gegen Panzer und andere bewegliche Ziele gut möglich.

10,5 cm leichte FELDHAUBITZE 18 M L/28

Gew.: 2040 kg   RL: L/28 (330,8 cm mit Mündungsbr.)   S/min: 6—8
SW: 12325 m

Ähnlich: 10,5 cm le. F.H. 18/39

Besondere Merkmale: Im Aufbau entspricht das Geschütz der 10,5 cm le. F.H. 18 (s. dort). Das Rohr ist mit einer Mündungsbremse von niedrigem Wirkungsgrad versehen, aber auch ohne Mündungsbremse ist das Geschütz feuerbereit. Das besonders vorgesehene Ferngeschoß kann jedoch ohne Mündungsbremse nicht verschossen werden. Die Rücklaufbrems- und Vorholeinrichtung ist den erhöhten Anforderungen, die das Ferngeschoß mit besonderer Fernladung stellt, angepaßt.
Die Lafetten von etwa 80 Feldhaubitzen (105 mm), die aus einer Vorkriegslieferung der Fa. Krupp 1939 an die Niederlande stammten, wurden mit Rohren der 10,5 cm le. F.H. 18 M versehen und mit der Bezeichnung 10,5 cm le. F.H. 18/39 bei der Artillerie in Dienst gestellt.

Verwendung: Bei Divisionsartillerie. Batterie zu 4 Geschützen.

Beurteilung: Verbesserung gegenüber der 10,5 cm le. F.H. 18 durch Steigerung der Schußweite über 12000 m. Damit verbunden war eine Steigerung der V_0 auf 540 m/s.

10,5 cm leichte FELDHAUBITZE 18/40 L/28

Gew.: 1800 kg RL: L/28 (271 cm ohne Mündungsbr.) S/min: 6—8
SW: 12325 m

Besondere Merkmale: Zwitterkonstruktion. Das Rohr, die Wiege mit Rücklaufbrems- und Vorholeinrichtung der 10,5 cm le. F.H. 18 M (s. dort) ist in die nur wenig abgewandelte Lafette der 7,5 cm Pak 40 (s. dort) eingelagert. Fortentwicklung der 10,5 cm le. F.H. 18 bzw. 18 M vornehmlich nach fertigungstechnischen Gesichtspunkten, denn die Lafette der 7,5 cm Pak 40 stand in ausreichender Anzahl zur Verfügung.
Das Geschütz weist folgende Besonderheiten und Neuerungen auf:

a) doppelte Drehstabachsfederung, die sich beim Spreizen der Holme selbsttätig ausschaltet,
b) der Höhen- und Seitenrichtantrieb sowie der Abzug befinden sich auf der linken Seite (Richtkanonierseite),
c) die Mündungsbremse ist in ihrem Wirkungsgrad verstärkt,
d) die Räder haben eine breitere und damit standfestere Felge.

Verwendung: Bei Divisionsartillerie.

Beurteilung: Diese Geschützkonstruktion kam der Forderung nach Fertigungsvereinfachung und -vereinheitlichung, die bereits seit März 1943 vorlag, weitgehend entgegen. Die ballistischen Eigenschaften gleichen denen der 10,5 cm le. F.H. 18 M und 18/39. Die Lafette erwies sich jedoch in der Folgezeit als zu schwach, sie hielt den starken Belastungen auf die Dauer nicht stand.

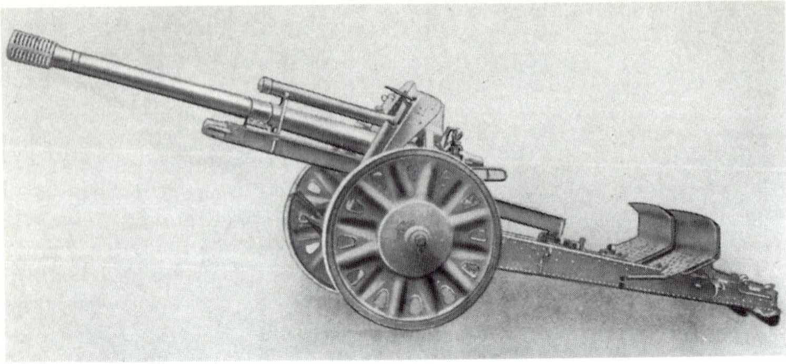

10,5 cm leichte FELDHAUBITZE 18/42 L/31 (Prototyp)

Gew.: 2035 kg RL: L/31 (325,5 cm) S/min: 6—8 SW: 12700 m

Besondere Merkmale: Spreizlafette mit genieteten Kastenholmen und Klappspornen. Stahlgußspeichenräder mit Vollgummiauflage, Trommelbremsen. Drehstabachsfederung. Langes und schlankes Rohr mit mehrfach geschlitzter, zylindrischer Mündungsbremse. Rücklaufbremse und Vorholer in der Wiege unter und über dem Rohr. Niedriger, nach hinten gezogener Schild.

Verwendung: Entwicklung der Fa. Krupp.

Beurteilung: Geschütz von herkömmlicher Bauart ohne wesentliche Neuerungen. Für die Truppe gewichtsmäßig zu schwer. Gegenüber der 10,5 cm le. F.H. 18/40 nur geringe Leistungssteigerung. Es kam nicht zur Einführung, weil inzwischen neue militärische Forderungen vorlagen. Insbesondere hatte der Rußlandfeldzug gelehrt, daß die leichte Feldhaubitze nicht nur für die Panzerabwehr, sondern auch für den Schuß in der oberen Winkelgruppe (Waldkampf) geeignet sein mußte.

10,5 cm leichte FELDHAUBITZE 42 (Prototyp)

Gew.: 1630 kg RL: 294 cm S/min: 6—8 SW: 13000 m

Besondere Merkmale: Spreizlafette mit Rohrholmen und Klappspornen. Stahlgußspeichenräder mit breiter Vollgummiauflage, Trommelbremsen. Drehstabachsfederung. Langes Rohr mit Zweikammermündungsbremse. Abnehmbares Bodenstück mit horizontal gleitendem Schubkurbelkeilverschluß, elektrische Abfeuerung. Rücklaufbremse und Vorholer in der Wiege unter dem Rohr. Niedriger Oberschild, Unterschild.

Verwendung: —

Beurteilung: Das Geschütz kam wegen veränderter militärischer Forderungen nicht zur Einführung (s. 10,5 cm le. F.H. 18/42 L/31). Es sollte die 10,5 cm le. F.H. 18 bzw. die 10,5 cm le. F.H. 18/40 ersetzen. Die Geschützkonstruktion hat an sich befriedigt, wenn sie auch keine wesentlichen Neuerungen brachte. Das Gewicht war gegenüber den vorangegangenen Feldhaubitztypen beträchtlich vermindert und das Seitenrichtfeld war vergrößert. Der Aufbau war aus Tarnungsgründen niedrig gehalten. Die ballistischen Leistungen entsprachen dem bisherigen Stande. Die Standardgeschosse der le. F.H.-Serie fanden Verwendung.

10,5 cm leichte FELDHAUBITZE 43 L/28 (Entwurf Krupp I)

Gew.: ca. 2300 kg RL: L/28 (294,1 cm) S/min: 6—8 SW: 15000 m

Ähnlich: 10,5 cm le. F.H. 43 L/35 (Entwurf Krupp II)

Besondere Merkmale: Neuartige Rundumlafette mit vier geschweißten Kastenholmen, von denen zwei in Fahrstellung am Rohr befestigt werden. In Feuerstellung werden die Holme mit Eisendornen am Boden festgeschlagen. Gummibereifte und gefederte Stahlscheibenräder. Rohr mit Mündungsbremse (ähnlich wie die der 10,5 cm le. F.H. 18/40 L/28). Rücklaufbremse und Vorholer in der Wiege unter dem Rohr. Nach hinten gezogener Schild. Schildteil über dem Rohr macht die Höhenbewegungen mit.
Das zweite Modell (Krupp II) besaß eine kreuzförmige Lafette mit zusammenklappbaren Holmen und war der bewährten Rundumlafette der 8,8 cm Pak 43 (s. dort) angepaßt. Es war beabsichtigt, für die le. F.H. 43 und die Pak 43 eine Einheitslafette mit einheitlicher Rücklaufbrems- und Vorholeinrichtung zu schaffen. Das Rohr dieses Modells hatte eine Länge von 3675 mm (L/35), es hatte einen Schubkurbelkeilverschluß mit elektrischer Abfeuerung. Ein Geschoß mit zusätzlichem Raketenantrieb erreichte eine Höchstschußweite von 16500 m. Zum Transport fanden zwei Sattelprotzen Verwendung. Eine Modellauswahl zwischen den beiden Krupplösungen war bei Kriegsende 1945 noch nicht getroffen.

Verwendung: Von der Fa. Krupp entwickelt, bei Kriegsende 1945 nur im Modell vorhanden.

Beurteilung: —

10,5 cm leichte FELDHAUBITZE 43 L/30 (Entwurf Skoda)

Gew.: 2200 kg | RL: 345,6 cm | S/min: 6—8 | SW: 15000 m

Besondere Merkmale: Neuartige Rundumlafette mit vier genieteten Kastenholmen, von denen zwei in Fahrstellung an der Rohrmündung gehalten werden. In Feuerstellung werden die Holme mit Eisendornen am Boden festgeschlagen. Gummibereifte Stahlscheibenräder, die unabhängig voneinander an Blattfedern aufgehängt sind. Rohr mit Mündungsbremse (ähnlich wie die der 10,5 cm le. F.H. 18/40 L/28). Vergrößerter Verbrennungsraum. Zwei Federausgleicher. Die Rücklaufbrems- und Vorholeinrichtung ist veränderlich (3 Stellungen) und befindet sich in der Wiege unter dem Rohr. Nach hinten geneigter Schild.

Verwendung: Geschütz wurde von der Fa. Skoda entwickelt und war bei Kriegsende 1945 nur im Modell vorhanden.

Beurteilung: Äußerlich sehr neuzeitliches Modell, dessen Konstruktionsprinzipien nach dem Kriege von Frankreich und der schwedischen Firma Bofors aufgegriffen worden sind. Wegen der großen Zahl vorhandener Geschütze älterer Bauart kamen aber solche neuzeitlichen Modelle bislang nicht in den Truppengebrauch.

10,5 cm leichte Kanone 41 L/40 (Prototyp)

Gew.: 2640 kg RL: L/40 (420 cm) S/min: 6—8 SW: 15000 m

Besondere Merkmale: Kastenholm-Spreizlafette. Stahlgußspeichenräder mit Vollgummiauflage. Trommelbremsen. Drehstabachsfederung. Langes, schlankes Rohr mit Mündungsbremse. Rücklaufbremse und Vorholer unter und über dem Rohr. Kein Schild. 2 senkrechte hydropneumatische Ausgleicher. Bei Spreizung der Holme wird die Federung gesperrt.

Verwendung: Prototypen 1941. Weiterentwicklung eingestellt.

Beurteilung: Verhältnismäßig leichte Kanone, für einlastigen Pferdezug jedoch zu schwer.

Modell	7,5 cm F.K. 16 n. A.	7,5 cm le. F.K. 18	7,5 cm F.K. 38	7,5 cm F.K. 7 M 85
Kaliber mm	75	75	75	75
Rohrlänge mm	2700	1940	2550	3201
Seelenlänge mm	.	.	.	.
Gezogener Teil mm	2036	1412	1914	2470,5
Verbrennungsraum mm	379,7	248,3	421	730
Züge Zahl	.	28	28	.
Züge Tiefe mm	.	.	.	.
Züge Breite mm	.	.	.	.
Felder Breite mm	.	.	.	.
Drall, Art und Winkel	zunehmender Rechtsdrall 5°—7°58'5"	zunehmender Rechtsdrall 5°—7°	zunehmender Rechtsdrall 4°16'—5°58'	konstanter Rechtsdrall 7°
Abfeuerung	Schlagbolzen	Schlagbolzen	Schlagbolzen	Schlagbolzen
Rücklauf maximal mm	1170	1150	970	830
Rücklauf minimal mm	1100	630	950	(normal)
Richtmittel	Z. E. 16 Rundbl. F. 16	Z. E. 34 Rundbl. F. 32	Z. E. 34 Rundbl. F. 32	Rundbl. F.
Schwenkbereich°	4	60	55	30°30'
Erhöhung°	—9 +44	—5 +45	—5 +45	—5 +42
Feuergeschw. S/min	8—10	8—10	10—12	8—10
Fahrstellung Länge mm	.	5151	5613	5850
Fahrstellung Breite mm	.	1830	1880	2110
Fahrstellung Höhe mm	.	1652	1575	1830
Feuerstellung Länge mm	.	.	.	.
Feuerstellung Breite mm	.	.	.	.
Feuerstellung Höhe mm	.	.	.	.
Gewicht Fahrstellung kg	2800	2010	2340	.
Gewicht Feuerstellung kg	1524	1120	1380	1778
V_0 maximal m/s	662	485	580	550
Kammerdruck atü	2500	2500	2600	1800
Gebrauchsgasdruck m/t	142,3	69,9	109	.
Schußweite maximal m	12300	9425	11300	10275
Zahl der Ladung	4	3	1	
Granaten	K.Gr. Rot K.Gr. Rot KPS K.Gr. Rot Pz 7,5 cm Gr. 38 Hl/B und Hl/C	K.Gr. Rot KPS. K.Gr. Rot Pz K.Gr. Rot Nb 7,5 cm Gr. 38	7,5 cm K.Gr. Patr. Rot F.K. 38 7,5 cm Gr. Patr. Hl/B F.K. 38 7,5 cm Sprgr. L/4,8	7,5 cm Sprgr. Patr. 34 Pak 40 (siehe bei 7,5 cm Pak 40)

Modell	10,5 cm le. FH 16	10,5 cm le. FH 18	10,5 cm le. FH 18 M	10,5 cm le. FH 18/39
Kaliber mm	105	105	105	105
Rohrlänge mm	2310	2941	3308 (m. M.)	3308 (m. M.)
Seelenlänge mm	.	.	.	.
Gezogener Teil mm	1878	2392	2392	2392
Verbrennungsraum mm	106,5	212	212	212
Züge Zahl	32	32	32	32
Züge Tiefe mm	.	.	.	.
Züge Breite mm	.	.	.	.
Felderbreite mm	.	.	.	.
Drall, Art und Winkel	zunehmender Rechtsdrall 4°—10°	zunehmender Rechtsdrall 6°—12°	zunehmender Rechtsdrall 5°—8°	zunehmender Rechtsdrall 5°—8°
Abfeuerung	Schlagbolzen	Schlagbolzen	Schlagbolzen	Schlagbolzen
Rücklauf maximal mm	1270	1170	1150	1150
Rücklauf minimal mm	1230	1150	1150	1150
Richtmittel	Rundbl.-Fernrohr	Rundbl.-Fernrohr	Rundbl.-Fernrohr	Rundbl.-Fernrohr
Schwenkbereich°	4	56	56	60
Erhöhung°	—10 +40	—5 +42	—5 +42	—5 +45
Feuergeschwindigkeit S/min	6—8	6—8	6—8	6—8
Fahrstellung Länge mm	5000	6100	.	.
Fahrstellung Breite mm	1650	1977	.	.
Fahrstellung Höhe mm	1650	1880	.	.
Feuerstellung Länge mm	.	.	.	.
Feuerstellung Breite mm	.	.	.	.
Feuerstellung Höhe mm	.	.	.	.
Gewicht Fahrstellung kg	2870	3490	3540	.
Gewicht Feuerstellung kg	1525	1985	2040	1950
V_0 maximal m/s	395	470	540	540
Kammerdruck atü	2150	2300	2300	2300
Gebrauchsgasdruck m/t	118	167	220	220
Schußweite maximal m	9225	10675	12325	12325
Zahl der Ladungen	5	6	6+1	6+1
Granaten	FH Gr. 10,5 cm Gr. 39 Rot Hl, Hl/A, Hl/B u. Hl/C	FH Gr. FH Gr. 38 Stg. 10 cm Pz.Gr. 10 cm Pz.Gr. Rot 10 cm Gr. 39 Rot FH Gr. Nb. FH Gr. 38 Nb.	wie 10,5 cm le. FH 18 dazu FH Gr. Fern	wie 10,5 cm le. FH 18 und 18 M

Modell	10,5 cm le. FH 18/40	10,5 cm le. FH 18/42	10,5 cm le. FH 42
Kaliber mm	105	105	105
Rohrlänge mm	2710	3255	2940
Seelenlänge mm	.	.	.
Gezogener Teil mm	2392	.	.
Züge Zahl	32	.	.
Züge Tiefe mm	1	.	.
Züge Breite mm	5,5	.	.
Felderbreite mm	.	.	.
Drall, Art und Winkel	zunehmender Rechtsdrall 5°—8°	zunehmender Rechtsdrall 6°—9°	.
Abfeuerung	Schlagbolzen	Schlagbolzen	elektrisch
Rücklauf maximal mm	1150	.	.
Rücklauf minimal mm	1150	.	.
Richtmittel	Rundbl.-Fernrohr	Rundbl.-Fernrohr	Rundbl.-Fernrohr
Schwenkbereich°	56	60	70
Erhöhung°	—5 +42	—5 +45	—5 +45
Feuergeschwindigkeit S/min	6—8	6—8	6—8
Fahrstellung Länge mm	6150	.	.
Fahrstellung Breite mm	2110	.	.
Fahrstellung Höhe mm	1830	.	.
Gewicht Fahrstellung kg	2900	.	.
Gewicht Feuerstellung kg	1800	2035	1630
V_0 maximal m/s	540	585	595
Kammerdruck atü	2300	2500	.
Gebrauchsgasdruck m/t	.	.	.
Schußweite maximal m	12325	12700	13000
Zahl der Ladungen	6+1	7	7
Granaten	FH Gr. 38, 39, 40 u. 41 FH Gr. Br. FH Gr. Spr. Br. 10,5 cm Lt.Gs., Gr. 39 Rot Hl., Weiß-Rot Geschoß, Sprgr. 39TS u. 42TS, Minen Gr. und zahlreiche Abwandlungen der vorsteh.Granaten	wie 10,5 cm le. FH 18/40	wie 10,5 cm le. FH 18/40

Modell	10,5 cm le. F.H. 43 (Krupp I) Holmlafette	10,5 cm le. F.H. 43 (Krupp II) Kreuzlafette	10,5 cm le. FH 43 (Skoda)
Kaliber mm	105	105	105
Rohrlänge mm	2941	3675	3456
Seelenlänge mm	.	.	.
Gezogener Teil mm	.	.	.
Verbrennungsraum mm	.	.	.
Züge Zahl	.	.	.
Züge Tiefe mm	.	.	.
Züge Breite mm	.	.	.
Felder Breite mm	.	.	.
Drall, Art und Winkel	.	gleichbleibender Drall, 9°	.
Abfeuerung	Schlagbolzen	elektrisch	.
Rücklauf maximal mm	.	.	1550/1150/850
Rücklauf minimal mm	.	.	(3 Stellungen)
Richtmittel	Rundblickfernrohr	Rundblickfernrohr	Rundbl.-Fernrohr
Schwenkbereich°	360	360	360
Erhöhung°	—4 +70	—10 +70	—5 +75
Feuergeschwindigkeit S/min	6—8	6	6—8
Fahrstellung Länge mm	.	.	.
Fahrstellung Breite mm	.	.	.
Fahrstellung Höhe mm	.	.	.
Feuerstellung Länge mm	.	.	.
Feuerstellung Breite mm	.	.	.
Feuerstellung Höhe mm	.	.	.
Gewicht Fahrstellung kg	.	.	.
Gewicht Feuerstellung kg	ca. 2300	.	2200
V_0 maximal m/s	720	655	690
Kammerdruck atü	.	2500	2600
Gebrauchsgasdruck m/t	.	.	.
Schußweite maximal m	15000	16500	15000
Zahl der Ladungen	7	7	7
Granaten	wie 10,5 cm le. F.H. 18/40	wie 10,5 cm le. F.H. 18/40	wie 10,5 cm le. FH 18/40

Mittlere Feldgeschütze

s. 10 cm KANONE 18 (genaues Kaliber 105 mm) L/52

Gew.:	in Fahrst.: 6434 kg	RL: 5460 mm	S/min: 6	SW: 19075 m
	in Feuerst.: 5620 kg			

Besondere Merkmale: Rohr: Mantel- und Innenrohr mit Bodenstück und Schubkurbelkeilverschluß. Unter dem Rohr die Rohrbremse mit Kühlmantel, über dem Rohr hydro-pneumatischer Vorholer. Verbrennungsraum: 8,23 l. Gleiche Spreizlafette mit genieteten Holmen wie 15 cm s. FH 18. Abnehmbare Sporne, Pferdezug in 2 Lasten, Mot-Zug in einer Last mit zurückgezogenem Rohr. Leichtmetallscheibenräder mit Eisenreifen für Pferdezug, mit Vollgummireifen für Mot-Zug. Bewegung des Rohres aus Fahr- zur Feuerstellung durch Handwinde auf der Lafette. In Feuerstellung werden die Achsblattfedern von der Achse entriegelt, damit die Lafette sich den Unebenheiten des Bodens anpassen kann.

Verwendung: Entwicklung 1926 bis 1930. Lafette hauptsächlich Krupp, Rohr usw. vorwiegend Rheinmetall. Eingeführt 1933/34. Sollte durch die 12,8 cm K 44 ersetzt werden, wozu es aber nicht mehr gekommen ist. Vornehmlich bei Kanonen-Batterien der Artillerie der Pz.-Div., Heeresartillerie und als Küstengeschütz verwendet.

Beurteilung: Die s. 10 cm K 18 hat mit ihren ballistischen Leistungen nicht befriedigt. Das Geschütz war für Pferdezug zu schwer. Es brachte mit seinem im Verhältnis zum hohen Geschützgewicht zu kleinen Kaliber (Gewicht der 10 cm Gr. 19 nur 15,14 kg) eine zu geringe Wirkung ans Ziel. Versuche, durch Verwendung einer Raketengranate von 41 kg Gewicht bei der 15 cm s. FH 18 deren Schußweite auf 19000 m zu vergrößern und damit die Fertigung der s. 10 cm K 18 aufzugeben, blieben in den Anfängen stecken.

s. 10 cm KANONE 18/40 (42) (genaues Kaliber 105 mm) L/60

Gew.: in Fahrst.: 6440 kg RL: 6300 mm S/min: 6 SW: 21150 m
in Feuerst.: 5620 kg

Besondere Merkmale: An Stelle der Federrohrbremse ist eine pneumatische Rohrbremse vorgesehen. Achsfedern, Federblatt und Sporne wurden verstärkt. Gegenüber s. 10 cm K 18 Änderung des Rohrrücklaufsystems durch veränderlichen Rücklauf. Das Wesentliche ist die Vergrößerung der Schußweite von 19075 m auf 21000 m. Der Schubkurbelkeilverschluß wurde beibehalten. Verbrennungsraum von 8,23 l auf 10,15 l vergrößert.

Verwendung: Entwurf wurde 1941 von Krupp und Rheinmetall bis zu Prototypen durchgeführt. Das Gerät wurde nicht eingeführt. Im übrigen wie s. 10 cm Kanone 18 verwendet.

Beurteilung: Wenn man auch bei dieser Notlösung auf Grund der Erfahrungen des Rußlandfeldzuges vom Pferdezug abging und durch das längere Rohr mit größerem Verbrennungsraum das Geschützgewicht etwas vergrößerte, um eine Schußweite von 21000 m zu erreichen, so blieb die Lösung unbefriedigend. Es blieb, wie bei der s. 10 cm K 18 die geringe Wirkung am Ziel mit dem nur 15,14 kg wiegenden Geschoß (10 cm Gr. 19).

★ ★
★

10 cm KANONE 17

15 cm s. FELDHAUBITZE 13 L/17

Gew.: in Fahrst.: 3000 kg RL: 2550 mm S/min: 4 SW: 8675 m
in Feuerst.: 2250 kg

Ähnlich: 10 cm Kanone 17 L/45

Besondere Merkmale: Kastenlafette für Pferdezug in einer Last, daher nur geringer Schwenkbereich von je $4\frac{1}{2}^0$ nach rechts und links.

Verwendung: Entwicklung von Krupp 1914/18. Eingeführt 1917. 1939 nur noch in den wenigen noch vorhanden gewesenen Stücken ortsfest eingesetzt. Vereinzelt in den schweren Abt. einiger Div.Art.Rgt. in Batterien zu je 4 Geschützen.

Beurteilung: Bei einem Fahrgewicht von nur 3000 kg konnte man bei dem damaligen Stand der Technik von diesem Geschütz, das in der Artillerieausstattung des 1. Weltkrieges eine Lücke schloß, eine größere Reichweite als 8600 m kaum verlangen. Diese Reichweite wurde selbst im Stellungskrieg der Jahre 1914/1918 bereits als nicht ausreichend bezeichnet, vor allem aber genügte schon damals die Wirkung am Ziel mit der seinerzeit 40,8 kg wiegenden 15 cm Granate nicht. Für die Verhältnisse des Bewegungskrieges 1939 bis 1945 war das Geschütz überholt.

15 cm s. FELDHAUBITZE 18 L/29,6

Gew.: in Fahrst.: 6304 kg RL: 4440 mm S/min: 4 SW: 13 325 m
in Feuerst.: 5512 kg

Besondere Merkmale: Rohr: Mantel- und Innenrohr mit Bodenstück und Schubkurbelkeilverschluß. Unter dem Rohr die Rohrbremse mit Kühlmantel, über dem Rohr hydro-pneumatischer Vorholer. Verbrennungsraum 7,22 l. Gleiche Spreizlafette mit genieteten Holmen wie s. 10 cm K 18. Abnehmbare Sporne. Pferdezug in 2 Lasten. Mot-Zug in einer Last mit zurückgezogenem Rohr. Leichtmetallscheibenräder mit Eisenreifen für Pferdezug, mit Vollgummireifen für Mot-Zug. Bewegung des Rohres aus der Fahr- zur Feuerstellung durch Handwinde auf der Lafette. In Feuerstellung werden die Achsblattfedern von der Achse entriegelt, damit die Lafette sich den Unebenheiten des Bodens anpassen kann.

Verwendung: Entwicklung 1926 bis 1930. Lafette hauptsächlich von Krupp, Rohr usw. Rheinmetall. Eingeführt 1933/34 als Ersatz für s. FH 13. Das Geschütz wurde 1942 mit einer Mündungsbremse ausgestattet. Es sollte während des Krieges allmählich durch die Notlösung der 15 cm s. FH 18/40 (42) ersetzt werden, wozu es aber ebensowenig mehr kam, wie zur Einführung der zunächst als s. FH 42, dann als s. FH 43 bezeichneten Haubitze. Batterien zu 4 Geschützen bei Divisions- und Heeresartillerie.

Beurteilung: Das für Pferdezug zu schwere, sonst recht brauchbare Gerät, hatte den Nachteil zu geringer Schußweite, besonders gegenüber den 17 300 m der sowjetischen 152 mm Kanonen-Haubitze M 37. Die VII. und VIII. Ladung konnten bis zur Einführung der Mündungsbremse (1942) nur in Ausnahmefällen, und dann auch nur mit höchstens 10 Schuß hintereinander, verwendet werden, weil die Gasdichtigkeit im Verbrennungsraum durch Ausbrennungen litt. Zu Beginn 1942 wurde daher ein auswechselbares Futter für den Verbrennungsraum eingeführt. Nach Einführung der Mündungsbremse traten diese Schäden nicht mehr auf. Das Geschütz konnte nicht in der oberen Winkelgruppe schießen, ein Nachteil, der sich im letzten Krieg vielleicht nicht so stark ausgewirkt hat, der aber einer modernen Konstruktion nicht mehr anhaften darf.

15 cm s. FELDHAUBITZE 36 L/23

Gew.: in Fahrst.: 3500 kg RL: 3555 mm S/min: 4 SW: 12500 m
in Feuerst.: 3280 kg

Besondere Merkmale: Nach der Forderung des Gen. St. d. H. sollte bei möglichst gleichbleibender ballistischer Leistung eine im Gewicht bedeutend leichtere s. FH entwickelt werden, die in einer Pferdelast gut gezogen werden konnte. Für den Konstrukteur bedeutete dies trotz erstmaliger Verwendung einer Mündungsbremse Verzicht auf die VIII. Ladung und damit Verringerung der Schußweite von 13325 m auf 12300 m. Die Lafette hatte während der Fahrt unabhängige Vollachse und wies eine besondere Protzöse auf.

Verwendung: Entwicklung 1936 bis 1939 sowohl von Krupp, wie auch von Rheinmetall. Die Weiterarbeiten wurden 1942 eingestellt.

Beurteilung: Die Forderung, 1936 noch im Zeichen der sich anbahnenden Motorisierung eine für Pferdezug bestimmte, leichtere s. FH mit notwendigerweise geringerer Schußweite zu entwickeln, kann nur mit Rücksicht auf die nach wie vor in der Masse pferdebespannten Infanterie-Divisionen verstanden werden. Sie hätte allenfalls für die Straßen und Wege Polens und Rußlands Berechtigung gehabt, wenn nicht die Forderung an die ballistische Leistung eines mittleren Geschützes das Primäre gewesen wäre. Diese Forderung sollte allem Anschein nach die Entwicklung der 1938 in Auftrag gegebenen 15 cm s. FH 40 erfüllen, die aber nie in die Serienfertigung gekommen ist.

Die Verwendung einer besonderen Protzöse bei diesem Geschütz gibt zu dem Hinweis Veranlassung, daß es sich als sehr nachteilig erwiesen hat, daß unsere Geschütze für Pferde- und Mot-Zug verschiedene Protzhaken bzw. -ösen hatten.

15 cm s. FELDHAUBITZE 40 L/32,5

Gew.: in Fahrst.: 6400 kg RL: 4875 mm S/min: 4 SW: 15675 m
in Feuerst.: 5680 kg

Besondere Merkmale: Lafette der 15 cm s. FH 18, jedoch an Stelle der Feder-Rohrbremse pneumatische Bremse, veränderlicher Rohrrücklauf. Das Rohr der s. FH 18 L/29,6 erhielt eine Kaliberlänge von 32,5 und einen von 7,22 l auf 9,85 l vergrößerten Verbrennungsraum. Durch Verwendung einer Mündungsbremse und Einführung der IX. Ladung sollte eine Schußweite von 15400 m, also 2075 m mehr, als bei der 15 cm s. FH 18, erreicht werden. Das Geschütz konnte in der oberen Winkelgruppe (+ 70°) schießen.

Verwendung: Der Entwicklungsauftrag wurde 1938 mit der Auflage einer verbesserten Schußweite und der Möglichkeit, in der oberen Winkelgruppe schießen zu können, erteilt. 1941 hatten Krupp und Rheinmetall Modelle hergestellt. Die Entwicklung wurde 1942 jedoch eingestellt, da das OKH mehr Wert auf vermehrten Ausstoß der s. 10 cm K 18 und der 15 cm s. FH 18 legen mußte, was durch Umstellung auf eine neue Fertigung zu Rückschlägen geführt hätte.

Beurteilung: Als Gegenstück zu der 1936 vom Gen. St. d. H. geforderten, besonders für Pferdezug geeigneten leichteren s. FH 36, aufzufassen. Eine durchgreifende Neuentwicklung mit Rundumfeuerlafette wäre besser gewesen, zumal damals eine Trennung zwischen pferdebespannten (s. FH 36) und mot-Zug-Geschützen (s. FH 40) vorgesehen war.

15 cm s. FH 40 in Feuerstellung zum Schießen in der oberen Winkelgruppe

15 cm s. FELDHAUBITZE 18/40 (später 42) L/32,5

Gew.: in Fahrst.: 6480 kg RL: 4875 mm S/min: 5 SW: 15100 m
in Feuerst.: 5660 kg

Ähnlich: 15 cm s. FH 18/43 (Prototyp)

Besondere Merkmale: Nachdem durch Entscheid OKW 1942 Geschützentwicklungen wie s. FH 40 wegen Fertigungs- und Rohstoffschwierigkeiten eingestellt werden mußten, wurde das Rohr s. FH 40 auf die Lafette s. FH 18 gesetzt. Unter Verwendung einer stark wirkenden Mündungsbremse wurde Schießen mit IX. Ladung und damit über 15 km Schußweite ermöglicht. Vergrößerter Verbrennungsraum von 9,85 l. Neue pneumatische Rohrbremse. Veränderlicher Rohrrücklauf. Verstärkte Sporne. Typ 18/43 verwendete wegen Stahlknappheit keine Kartuschhülsen mehr, neuartiger selbstlidernder Schubkurbelkeilverschluß.

Verwendung: 1942/43 entwickelt. Nur etwa 46 Geschütze hergestellt. Typ 18/43 nur Prototyp.

Beurteilung: Wegen der um 1775 m weiteren Schußweite annehmbare Notlösung. Bei kurzen und mittleren Schußweiten der 15 cm s. FH 18 an Treffgenauigkeit unterlegen. Es fehlte noch die 1942 allgemein anerkannte Forderung auf 360° Rundumfeuerlafette und Schießmöglichkeit in der oberen Winkelgruppe. Beides konnte allerdings damals bei Geschützgewichten von ca. 6500 kg noch nicht erreicht werden.
Typ 18/43 mit erfolgversprechendem, neuartigem Verschluß.

15 cm s. FELDHAUBITZE 43 L/31,5 (Entwurf Krupp II)

Gew.: in Fahrst.: 7000 kg RL: 4730 mm S/min: 4 SW: 18000 m
in Feuerst.: 5000 kg

Ähnlich: 15 cm s. FH 43 (Entwürfe Krupp I, Rheinmetall und Skoda mit Dreiholmlafetten),
12,8 cm Kanone 43 (Entwurf Krupp)

Besondere Merkmale: Die ersten Entwürfe mit 3-Holmlafetten ähnlich der le. FH 43. Zweiter Entwurf Krupp mit Kreuzlafette für Rundumfeuer und obere Winkelgruppe (+70). Auf gleicher Unterlafette auch 12,8 cm Kanone 43, ein Vorläufer der 12,8 cm Kanone 44. Wegen des Engpasses der Kartuschfertigung war statt des Schubkurbelkeilverschlusses ein selbstlidernder Schraubverschluß vorgesehen.

Verwendung: Entwürfe von 1942/43. Nur Holzmodelle hergestellt, da ab Ende 1942 Neuentwicklung von Geschützen der Artillerie mit Rücksicht auf die bevorzugte Fertigung von Panzern eingestellt wurde.

Beurteilung: Die 1942 gestellten Forderungen auf Rundumfeuer und obere Winkelgruppe, sowie (mit Rücksicht auf die Reichweite von 17000 m der sowjetischen 15,2 cm Kanonen-Haubitze M 37) auf eine Schußweite von 18000 m, entsprach den Erfahrungen des Ostfeldzuges. Die Entwürfe entsprachen diesen Forderungen und beschritten ganz neue, vielversprechende Wege zur Entwicklung einer neuzeitlichen, mittleren Feldartillerie, die nach dem Kriege besonders von Frankreich weitergeführt worden ist.

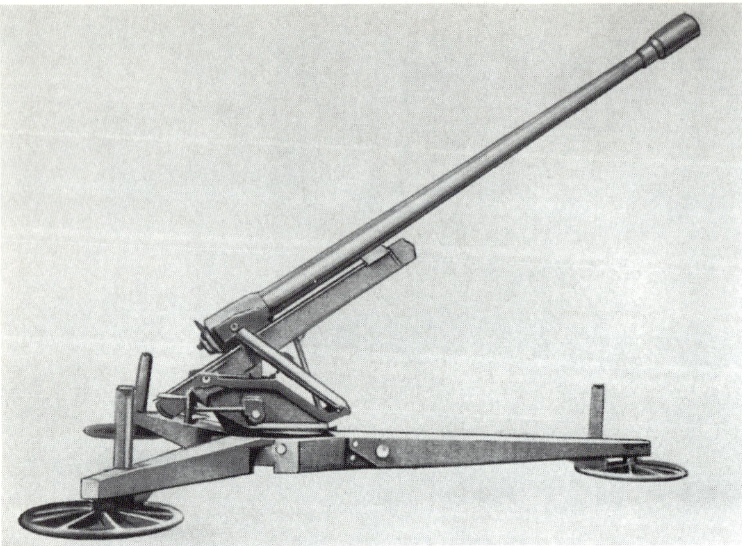

15 cm s. FH 43. Erster Entwurf Krupp mit Dreiholmlafette. Ähnlich auch 12 cm K 43 (Entwurf Krupp)

15 cm s. FH 43. Zweiter Entwurf Krupp mit Kreuzlafette in Fahrstellung

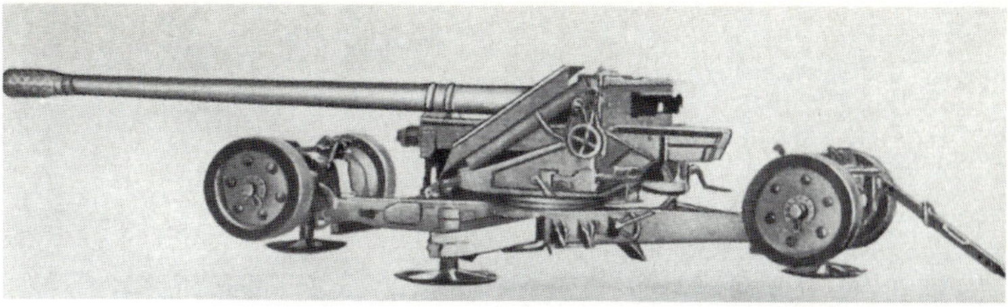

12,8 cm KANONE 44 L/54,8 (Prototyp Krupp) (oberes Bild)
(früher Pak 43, K 43, Pak 44, Pak 80, K 81)

Gew.: in Feuerst.: 10160 kg RL: 7023 mm S/min: 5 SW: 24414 m
in Fahrst.: 10160 kg

Ähnlich: 12,8 cm K 44 (Prototyp Rheinmetall) (unteres Bild)
12,8 cm Panzerjägerkanone 44 (früher KWK 82)

Besondere Merkmale: Rohr mit Mündungsbremse. Kreuzlafette ähnlich derjenigen der 8,8 cm Pak 43. Schubkurbelkeilverschluß. Elektrische Abfeuerung.
Durchschlagsleistung auf homogene Panzerplatte: 202 mm bei 1000 m Entfernung und Auftreffwinkel von 30°.
Prototyp Krupp mit 2×1-Achsenrollwagen, Räder in Feuerstellung angehoben. Prototyp Rheinmetall mit einem weiteren Rollwagen. Rohr als Pjk 44 eingebaut in „JÄGDTIGER".

Verwendung: Prototypen 1943. Erster Entwurf Krupp verzichtete auf höchste Erhöhung, da besonderer Wert auf Pak gelegt wurde. Zweiter Entwurf sah Erhöhung von —5° bis +45° vor. Auf die Kreuzlafette konnte auch die s. FH aufgesetzt werden. Der Krupp'sche Entwurf wurde in einem Modell ausgeführt, dessen Erprobung Ende 1944 abgeschlossen war. Die Fertigung ist nicht mehr aufgenommen worden.

Beurteilung: Ein Geschütz hervorragender Konstruktion, das bei Beseitigung gewisser kleiner Mängel, wie z. B. Verbesserung des Rollenlagers der Seitenrichtung, zweifellos zu den ausgereiftesten deutschen Entwicklungen auf dem Geschützsektor gehört.

12,8 cm KANONE 81/1 L/54,8

Gew.: in Feuerst.: 12197 kg RL: 7020 mm S/min: 5 SW: 24414 m

Besondere Merkmale: Um die ausgezeichneten ballistischen Leistungen des Rohres der 12,8 cm K 44 schnell ausnutzen zu können, setzte man dieses Rohr in Ermangelung der an sich vorgesehenen Kreuzlafette auf Beutelafetten der französ. 155 mm GPF-T Kanonen.

Verwendung: Nur wenige Geräte hergestellt und an der Front verwendet.

Beurteilung: Es ist klar, daß diese Notlösung nicht voll befriedigen konnte, zumal Gewicht und Aufzug sehr hoch waren. Recht schwere Spreizlafette mit dem Nachteil eines Seitenrichtfeldes von nur 60°.

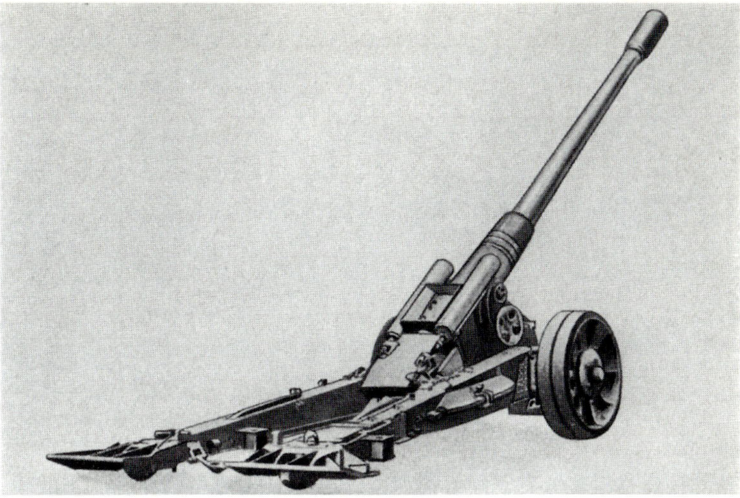

12,8 cm KANONE 81/2 L/54,8

Gew.: in Feuerst.: 8302 kg RL: 7020 mm S/min: 5 SW: 24414 m

Besondere Merkmale: Wie bei der 12,8 cm K 81/1 mit französischer Spreizlafette verwendete man bei diesem Geschütz, um die ausgezeichneten ballistischen Leistungen des Rohres der 12,8 cm K 44 schnell ausnutzen zu können, in Ermangelung an sich vorgesehener Kreuzlafetten die etwas umgeänderte Spreizlafette der sowjetischen 152 mm Kanonen-Haubitze M 37.
Die Änderungen betrafen:
Verwendung der deutschen Rohrwiege,
Anbringung des deutschen Rohrrücklaufsystems oberhalb des Rohres.
Keine Ausgleicher, Höhenhandrad (mit sehr wenig Widerstand). Kein Schutzschild. Man nahm auch die geringe Seitenrichtung von 40° in Kauf.

Verwendung: Notlösung. Wie bei der 12,8 cm K 81/1 nur wenige Geräte hergestellt und an der Front verwendet.

Beurteilung: Technisch recht schwache und rohe Lösung. Wenn auch das Gewicht bedeutend geringer war, als dasjenige der 12,8 cm K 44 und besonders der 12,8 cm K 81/1, so konnte das Gerät nur als Notlösung angesprochen werden.

Modell	s 10 cm K 18	s 10 cm K 18/40 (42)	lg. s. FH 13	15 cm s. FH 18
Kaliber mm	105	105	149,7	149
Rohrlänge mm	5460 L/52	6300 L/60	2550 L/17	4440 L/29,5
Seelenlänge mm	.	.	.	3985
Gezogener Teil mm	4252	4849	2054	3623
Verbrennungsraum mm	791,5	1034	173	362
Verbrennungsraum Liter	7,8	10,15	3,2	7,22
Züge Zahl	36	36	.	40
Züge Tiefe mm	.	1,3	.	.
Züge Breite mm	.	5,0	.	.
Felderbreite mm	.	4,16	.	.
Drall, Art und Winkel	Steigender Rechtsdrall 4½° zu 6°	Steigender Rechtsdrall 4°29'27" zu 5°58'42"	Steigender Rechtsdrall 4° zu 8°	Steigender Rechtsdrall 5° zu 10°
Abfeuerung	mechanisch	mechanisch	mechanisch	mechanisch
Rücklauf maximal mm	940	790	1500	1140
Rücklauf minimal mm	920	750	900	.
Rücklauf normal mm	—	—	—	1120
Richtmittel	ZE 34 mit Rbl. F. 12, 32, 36 oder 37	ZE 34 mit Rbl. F. 32. 36 oder 37	.	ZE 34 mit Rbl. F. 16, 32, 36 oder 37
Schwenkbereich°	±30	±28	±2,5	±30
Erhöhung°	0 bis +45	0 bis +45	0 bis +45	0 bis +45
Feuergeschwindigkeit S/min	6	6	4	4
Fahrstellung Länge mm	8178	.	.	7849
Fahrstellung Breite mm	2255	.	.	2255
Fahrstellung Höhe mm	1707	.	.	1707
Feuerstellung Länge mm	.	5600	.	.
Feuerstellung Breite mm	.	.	.	.
Feuerstellung Höhe mm	.	.	.	.
Gewicht Fahrstellung kg	1 Last 6434	6440	3000	6304
Gewicht Feuerstellung kg	5542	5620	2250	5512
V_0 maximal m/s	835	910	381	520
Gebrauchsgasdruck atü	2650	2760	2000—2550	2500
Mündungswucht m/t	538	632	300	599,5
Schußweite maximal m	19075	21150	8675	13325
Zahl der Ladungen	3	3	8	8
Granaten	10 cm Gr. 19 10 cm Gr. 19 FES 10 cm Gr. 38 Nb 10 cm Pr.Gr. Rot	10 cm Gr. 19 10 cm Gr. 19 FES 10 cm Gr. 38 Nb 10 cm Pz.Gr. Rot	. . . .	15 cm Gr. 19 15 cm Gr. 19 Bet. 15 cm Gr. 39 FES Hl/A 15 cm Gr. 19 FES 15 cm Gr. 36 FES 15 cm Gr. 19 Nb 15 cm Gr. 38 Nb 15 cm R.Gr. 19

Modell	15 cm s. FH 36	15 cm s. FH 18/40 (42)	15 cm s. FH 40	s. FH 43
Kaliber mm	149,1	149	149,1	149
Rohrlänge mm	3555 L/23,7	4875 L/32,5	4875 L/32,5	4730 L/31,5
Seelenlänge mm	2965	.	.	.
Gezogener Teil mm	2475	3927	3927	.
Verbrennungsraum mm	341	506	506	.
Verbrennungsraum Liter	6,8	9,85	10,1	.
Züge Zahl	40	40	40	.
Züge Tiefe mm	2,75	1,15	1,15	.
Züge Breite mm	7,00	6,71	6,71	.
Felderbreite mm	5,25	5,00	5,00	.
Drall, Art und Winkel	Steigender Rechtsdrall 6° zu 10°	Steigender Rechtsdrall 6° zu 9°	Steigender Rechtsdrall 4°29'27" zu 7°9'45"	. . .
Abfeuerung	mechanisch	mechanisch	mechanisch	mechanisch
Rücklauf maximal mm	1160	920	1125	.
Rücklauf minimal mm	980	860	775	.
Rücklauf normal mm	.	—	—	.
Richtmittel	ZE 34 mit Rbl. F, 32, 36, 37 oder 38	ZE 34 mit Rbl. F. 32, 36 oder 37	. . .	. . .
Schwenkbereich°	±28	±28	±30	360
Erhöhung°	—1 bis +43	+45	—1 bis +70	—8 bis +70
Feuergeschwindigkeit S/min	4	4	4	4
Fahrstellung Länge mm	10425	.	.	.
Fahrstellung Breite mm	1752	.	.	.
Fahrstellung Höhe mm	1880	.	.	.
Feuerstellung Länge mm	6300	5600	.	.
Feuerstellung Breite mm	4775	.	.	.
Feuerstellung Höhe mm	1780	.	.	.
Gewicht Fahrstellung kg	3500	6480	6400	7000
Gewicht Feuerstellung kg	3280	5660	5680	5000
V_0 maximal m/s	485	595	595	.
Gebrauchsgasdruck atü	2600	2800	2600	.
Mündungswucht m/t	700	785	840	.
Schußweite maximal m	12500	15100	15675	18000
Zahl der Ladungen	7	9	9	8
Granaten	15 cm Gr. 19 15 cm Gr. 19 Bet. 15 cm Gr. 39 FES HI/A 15 cm Gr. 19 FES 15 cm Gr. 36 FES 15 cm Gr. 19 Nb 15 cm Gr. 38 Nb	15 cm Gr. 19 15 cm Gr. 19 Bet. 15 cm Gr. 39 FES HI/A 15 cm Gr. 19 FES 15 cm Gr. 36 FES 15 cm Gr. 19 Nb 15 cm Gr. 38 Nb 15 cm R.Gr. 19	15 cm Gr. 19 15 cm Gr. 19 Bet. 15 cm Gr. 39 FES HI/A 15 cm Gr. 19 FES 15 cm Gr. 36 FES 15 cm Gr. 19 Nb 15 cm Gr. 38 Nb 15 cm R.Gr. 19	15 cm Gr. 19 15 cm Gr. 19 Bet. 15 cm Gr. 19 FES HI/A 15 cm Gr. 19 FES 15 cm Gr. 36 FES 15 cm Gr. 19 Nb 15 cm Gr. 38 Nb 15 cm R.Gr. 19

Modell	12,8 cm K 44 (Krupp)	12,8 cm K 81	12,8 cm K 81/1	12,8 cm K 81/2
Kaliber mm	128	128	128	128
Rohrlänge mm	7023 L/54,87	7040 L/55	7020 L/54,85	7020 L/54,85
Seelenlänge mm	6625	.	.	.
Gezogener Teil mm	5550	5533	5533	5533
Verbrennungsraum mm	.	977,6	977,6	977,6
Verbrennungsraum Liter	20,6	20,6	20,6	20,6
Züge Zahl	40	40	40	40
Züge Tiefe mm	1,55	1,55	1,55	1,55
Züge Breite mm	6,37	6,37	6,37	6,37
Felder Breite mm	3,80	3,80	3,80	3,80
Drall, Art und Winkel	Steigender Rechtsdrall	Steigender Rechtsdrall	Steigender Rechtsdrall	Steigender Rechtsdrall
Abfeuerung	elektrisch	elektrisch	elektrisch	elektrisch
Rücklauf maximal mm	1300	1050	930	930
Rücklauf minimal mm	700	740	870	870
Rücklauf Normal mm	—	—	—	—
Richtmittel	ZE 34 Gradeinteilung 0—800 Strich	ZE 34 Gradeinteilung 0—800 Strich	ZE 34 Gradeinteilung 0—800 Strich	ZE 34 Gradeinteilung 0—800 Strich
Schwenkbereich°	360	360	60	58
Erhöhung°	— 7°51' bis + 45°27'	— 5 bis + 45	— 4 bis + 45	— 4 bis + 45
Feuergeschwindigkeit S/min	5	5	5	5
Fahrstellung Länge mm	10900	.	.	.
Fahrstellung Breite mm	2476	.	.	.
Fahrstellung Höhe mm	2160	.	.	.
Feuerstellung Länge mm	10900	.	.	.
Feuerstellung Breite mm	6126	.	.	.
Feuerstellung Höhe mm	1830	.	.	.
Gewicht Fahrstellung kg	10160	.	.	.
Gewicht Feuerstellung kg	10160	9378	12197	8302
V_0 maximal m/sec	920	.	.	.
Gebrauchsgasdruck atü	3100	.	.	.
Mündungswucht m/t	1208	.	.	.
Schußweite maximal m	24414	24414	24414	24414
Zahl der Ladungen	2	2	2	2
Granaten	12,8 cm Sprgr. Flak 40 mR9 12,8 cm Sprgr. 5151 (L/50) 12,8 cm Pzgr. 43	12,8 cm Sprgr. Flak 40 mR9 12,8 cm Sprgr. 5151 (L/50) 12,8 cm Pzgr. 43	12,8 cm Sprgr. Flak 40 mR9 12,8 cm Sprgr. 5151 (L/50) 12,8 cm Pzgr. 43	12,8 cm Sprgr. Flak 40 mR9 12,8 cm Sprgr. 5151 (L/50) 12,8 cm Pzgr. 43

Munition 10 cm Kanonen

Geschoßart	Brisanz 10 cm Gr. 19	Brisanz 10 cm Gr. 19 FES	Nebel 10 cm Gr. 38 Nb.	Panzergranate 10 cm Pz.Gr. Rot
Gewicht kg	15,14	15,14	14,71	15,56
Farbe	graugrün	graugrün	graugrün	schwarz
Führungsring	2 Metall	1 Weicheisen	.	.
Beschriftung	—	—	38 Nb. weiß auf Geschoßboden	—
V_0 kleine Ladung	550 m/s	550 m/s	—	—
mittlere Ladung	690 m/s	690 m/s	.	682 m/s
große Ladung	835 m/s	835 m/s	827 m/s	822 m/s
Schußweite				
kleine Ladung	12725 m	12725 m	.	—
mittlere Ladung	15750 m	15750 m	.	13850 m
große Ladung	19075 m	19075 m	18300 m	16000 m
Zünder	AZ 23 v AZ 23/28 AZ 23/42 DoppZ S/60 s	AZ 23 v AZ 23/28 AZ 23/42 DoppZ S/60 s	AZ 23 v AZ 23/28 AZ 23/42 kl. AZ 23 (Pr) kl. AZ 23	BdZ mit Leuchtspur
Verwendet bei Geschütz ..	s. 10 cm K 18 10,5 cm K 18/40 (42)	s. 10 cm K 18 10,5 cm K 18/40 (42)	s. 10 cm K 18 10,5 cm K 18/40 (42)	s. 10 cm K 18 10,5 cm K 18/40 (42)

Munition 12,8 cm Kanonen

Geschoßart	Brisanz 12,8 cm Spr.Gr. Flak 40 mR9	Brisanz 12,8 cm Spr.Gr. 5151 (L/50)	Panzergranate 12,8 cm Pz.Gr. 43	
Gewicht kg	26	28	28,3	
V_0 mittlere Ladung	750 m/s	750 m/s	750 m/s	
große Ladung	920 m/s	920 m/s	920 m/s	
Schußweite maximal	21031 m	21671 m	—	
Zünder	AZ 23/38 0,10 AZ 23/28 (Pr. 0,10) DoppZ S/90 st	AZ 23/38 0,10 AZ 23/28 (Pr. 0,10) DoppZ S/90 st	BdZ 5121	
Verwendet bei Geschütz ..	12,8 cm K 44 12,8 cm K 81 12,8 cm K 81/1 12,8 cm K 81/2	12,8 cm K 44 12,8 cm K 81 12,8 cm K 81/1 12,8 cm K 81/2	12,8 cm K 44 12,8 cm K 81 12,8 cm K 81/1 12,8 cm K 81/2	

Munition 15 cm s. FH

Geschoßart	Brisanz	Beton	Hohlladung	Brisanz	Brisanz
	15 cm Gr. 19	15 cm Gr. 19 Beton	15 cm Gr. 39 FES-Hl/A	15 cm Gr. 19 FES	15 cm Gr. 36 FES
Gewicht kg	43,52	37,86	24,63	43,52	länger als 15 cm Gr. 19
Farbe	graugrün	durchweg dunkelgrün	feldgrau	—	graugrün
Führungsring	2 Metall	2 Metall	1 Weicheisen	1 Weicheisen	1 Weicheisen
Beschriftung	—	—	Hl/A in Schwarz, FES in Weiß	—	—
Form	—	—	—	—	unter dem Führungsring stromlinienförmig
Zünder	AZ 23 umg 0,15 DoppZ S/60	BdZ —	klAZ 40 4 NbP —	AZ 23 mV (0,15) DoppZ S/60	AZ 23 0,15 DoppZ S/60
Verwendet bei Geschütz	15 cm sFH 18 nur I.-VII. Ldg. sFH 18/40 (42) sFH 36	15 cm sFH 18 sFH 18/40 (42) sFH 36	15 cm sFH 18 sFH 18/40 (42) sFH 36	15 cm sFH 18 sFH 18/40 (42) sFH 36	15 cm sFH 18 sFH 18/40 (42) sFH 36

weitere Munition 15 cm s. FH

Geschoßart	Nebel	Nebel	Rückstoß	Brisanz	
	15 cm Gr 19 Nb	15 cm Gr 38 Nb	15 cm RGr 19	Unterkaliber-geschoß	
Gewicht kg	38,97	—	45,25	29,65	
Farbe	graugrün	graugrün	—	—	
Führungsring	2 Metall	2 Metall	—	sich auflösend	
Beschriftung	Nb in Weiß auf dem Geschoß-boden	38 Nb in Weiß auf dem Geschoß-boden	—	—	
Zünder	AZ 23 NB	kl AZ 40 Nb	El. AZ El. AZ mR DoppZ S/90	—	
Verwendet bei Geschütz	15 cm sFH 18 sFH 18/40 (42)	15 cm sFH 18 sFH 18/40 (42)	nur bei 15 cm sFH 18/M sFH 18/40 (42)	15 cm sFH 18 sFH 18/40 (42)	
Bemerkungen.....	—	—	—	VII. Ladung nicht allgemein ein-geführt	

Schwere Feldgeschütze

15 cm KANONE 16

Gew.: 10870 kg RL: 6410 mm S/min: 2 SW: 22000 m

Besondere Merkmale: Geschütz besteht aus Seelen- und Mantelrohr mit abnehmbarem Verschlußstück, das mit horizontalem Gleitkeil versehen ist. Lafette als Kastenlafette mit Blattfederachse, ausgestattet mit Stahlrädern und Vollgummireifen. Zwei Feder-Gewichtsausgleicher, Rohrrücklaufsystem mit hydraulischer Bremse in der Wiege und hydraulisch-pneumatischem Vorholer oberhalb des Rohres. Der Rücklauf ist veränderlich einstellbar. Transport normalerweise in 2 Lasten.

Verwendung: Geschütz von Krupp entwickelt, im Jahre 1917 eingeführt. Heeresartillerie; s. Art.Abt.(mot) mit 3 Batterien zu je 3 Kanonen.

Beurteilung: Veraltetes Modell mit ungenügenden ballistischen Leistungen, vor allem mit zu geringer Schußweite. Das Geschütz dürfte nur in ganz geringen Stückzahlen während des zweiten Weltkrieges vornehmlich in festen Stellungen eingesetzt worden sein.

15 cm KANONE 18

Gew.: 12460 kg RL: 8200 mm S/min: 2 SW: 24825 m

Besondere Merkmale: Zweiteilige Grundplatte, die abgelassen und durch Ankerpfähle gesichert wird. Kastenlafette mit klappbaren Rampen, die während des Auf- und des Abziehens des Rohres als Laufstege benutzt werden. Mit Hilfe eines dreieckförmigen Unterstützungsrahmens, an Achse und Grundplatte befestigt, kann das Geschütz mit vom Boden abgehobenen Rädern in Stellung gezogen werden. Mittelstück der Grundplatte in Form eines Drehtisches ergibt Rundumschwenkbarkeit der Lafette. Bauart der Wiege und der Lafette lassen innerhalb des Geschützes nur eine beschränkte Seitenrichtung zu. Das Geschütz hat abnehmbares einteiliges Rohr mit abnehmbarem Verschlußstück und Gleitkeil. Rücklaufsystem mit hydraulischer Rohrbremse innerhalb der Wiege und hydro-pneumatischem Vorholer oberhalb des Rohres. 2 hydropneumatische Gewichtsausgleicher. Transport in 2 Lasten.

Verwendung: Rheinmetall-Borsig begann die Entwicklung im Jahre 1933; Einführung des Geschützes 1938; sonst wie 15 cm K. 16.
1941: 3 selbst. Batterien (mot) vorhanden (821, 1./822 und 909).

Beurteilung: Das Geschütz hat sich trotz einer gewissen Schwerfälligkeit gut bewährt, auch fahrtechnisch und beim Instellunggehen.

15 cm KANONE 18

oben: Rohrwagen
mitte: Lafettenwagen
unten: Einfahren des Rohres in die Lafette

15 cm KANONE 39

Gew.: 12200 kg RL: 8255 mm S/min: 2 SW: 24825 m

Besondere Merkmale: Bei Verwendung als Feldgeschütz mit Spreizlafette ausgebildet, die jedoch auch auf eine transportable, drehbare Grundplatte aufgesetzt werden konnte. In diesem Falle radiale Anordnung von 12 Kreuzarmen, deren äußere Enden durch Kreisbogenstücke verbunden wurden; Spreizlafette blieb geschlossen, wie in normaler Fahrstellung; Sporne bewegten sich mit Hilfe einer von Hand angetriebenen Laufkatze auf dem Kreisrand der Kreuzkonstruktion, wodurch Drehung um 360° möglich. Endgültige Seitenrichtung durch Feintrieb an der Lafette, wobei 6° Seitenrichtungswinkel bei geschlossenen Holmen zulässig war. Größte Erhöhung von 45° war in keiner der beiden Schußstellungen eingeschränkt. Transport in 3 Lasten: Rohr, Lafette, Grundplatte.

Verwendung: Geschütz auf türkischen Auftrag 1939 von Krupp entwickelt. Verwendbar sowohl als schweres Feldgeschütz als auch als bewegliche Küstenartillerie; sonst wie 15 cm K. 16.

Beurteilung: Zeitraubende Erdarbeiten beim Instellunggehen für Ausheben und Planieren des Bodens unter Grundplatte, Kreuzholmen und Bogenstücken, dann aber gute Schwenkmöglichkeit um 360°.

15 cm SCHIFFSKANONE C/28 (SKC 28)

Gew.: 19761 kg RL: 8291 mm S/min: 2 SW: 23500 m

Besondere Merkmale: Bewegliches Küstengeschütz, niedrige Silhouette in Feuerstellung. Normales Rohr mit Mantelrohr. Mündungsbremse. Keine Vorrichtung, um Ober- gegen Unterlafette auszubalancieren, Nivellierung lediglich durch 6 mit Spindeln versehene Bodenplatten. Kreuzlafette mit Drehstäben, um die Holme von der Feuerstellung in die Fahrstellung anzuheben und umgekehrt. Ein ungewöhnliches Merkmal ist ein unter Federspannung stehender Kolben, der keinem bestimmten Zweck dient; offensichtlich das Rudiment eines ursprünglichen Verschlusses, der später grundlegend geändert wurde. Bemerkenswert sind 2 Lademulden, die an der Wiege mit Armen schwenkbar angebracht sind und beim Schuß in eine tiefere Stellung schwingen, um die nächste Granate bzw. die nächste Kartusche aufzunehmen. Für Transport 2 vierrädrige Fahrgestelle mit Torsionsstabfederung und Luftbereifung; gleiche Hubgeschwindigkeiten beider Fahrgestelle beim Anheben und Ablassen des Geschützes. Fahrtrichtung in beiden Längsrichtungen möglich.

Verwendung: Ausgangspunkt der Entwicklung war die Marineforderung nach einem beweglichen Küstengeschütz mit der ballistischen Leistung der Schiffskanone 15 cm SK C/24 M. Beträchtliche Anzahl von Versuchen für eine geeignete Hochleistungsmündungsbremse, dabei 2 Arten verwendet: sog. „Pfeffertopf" mit niedriger Leistung, und Typ „Offene Prallflächen" mit höherer Leistung. Schießversuche mit einem Prototyp; wegen Bombenzerstörungen des zweiten Weltkrieges keine Serienproduktion. 1941 waren 5 s. Art.Abt.(mot) mit je 3 Batterien zu 3 SKC 28 vorhanden (511, 620, 680, 731 und 740).

Beurteilung: Gute ballistische Leistung; erhöhte Einsatzmöglichkeiten durch einlastigen Transport und schnelle Herstellung der Feuerbereitschaft. Keine Truppenerfahrungen. Außergewöhnlich großes Verschlußstück, wie meist bei Marinegeschützen, um den Rücklauf möglichst gering zu halten.

17 cm KANONE 18 in MÖRSERLAFETTE

Gew.: 17520 kg RL: 8530 mm S/h: 40 SW: 29600 m

Besondere Merkmale: Ganzteiliges, abnehmbares Rohr mit abnehmbarem Verschlußstück und horizontalem Gleitkeil. Rohrbremse innerhalb der Wiege, Vorholer oberhalb des Rohres. Doppelte Rücklaufeinrichtung, bei der sowohl das Rohr als auch zusätzlich die Oberlafette zurücklaufen kann. Beide Rücklaufsysteme bestehen aus hydraulischer Rücklaufbremse und hydropneumatischem Vorholer. Höhenrichtgetriebe mit je einer Antriebsgeschwindigkeit für schnelles Grobrichten und langsameres Feinrichten. Unterlafette als Kastenlafette mit Grundplatte und Antrieb zum Ablassen. Geschütz auf Grundplatte mittels dreier mit Rollen versehener Zwischenstücke gelagert, die auf entsprechend ausgebildetem Rand der kreisförmigen Grundplatte laufen. Drehzapfen im Mittelpunkt. Begrenzte Seitenschwenkbarkeit von je 8° nach links und rechts durch Kreisbogenstück auf hinterer Spornplatte. Für größere Seitenschwenkungen kann hintere der 3 Abstützungen die Lafette und die Spornplatte anheben und über dem Boden halten; Drehung auf den drei mit Rollen versehenen Abstützungen. Transport auf kurze Entfernungen in einer Last möglich, normalerweise in 2 Lasten. Lafettenlagerung während des Transportes durch zweirädrige gefederte Protzachse am Lafettenende und die zweirädrige gefederte Achse der Lafette selbst. Leichtmetallräder mit Vollgummireifen. Rohrwagen mit endloser Kette und Handwinde für Auf- und Abziehen des Rohres.

Verwendung: Entwickelt von Krupp und eingeführt 1941, bildete das Geschütz zusammen mit dem 21 cm Mörser 18 das Rückgrat der deutschen schweren Heeresartillerie. Batterie zu 2 bis 3 Geschützen in Abteilungen für 3 Batterien; vereinzelt auch als IV. Abt. bei Art.Rgt. der W-SS-Divisionen.

Beurteilung: Mit der 17 cm Kanone wurde eine Reihe von 15 cm Kanonen ersetzt, die sich den an eine schwere Kanone zu stellenden ballistischen Anforderungen nicht gewachsen zeigten. Lebensdauer der Rohre unbefriedigend.

21 cm LANGER MÖRSER

Gew.: 9220 kg	RL: 3063 mm	S/h: 30	SW: 11100 m

Besondere Merkmale: Seelen- und Mantelrohr; Verschlußstück mit horizontalem Gleitkeil; Feder-Gewichtsausgleicher. Rücklaufeinrichtung besteht aus zweifacher hydraulischer Rohrbremse innerhalb der Wiege und hydropneumatischem Vorholer oberhalb des Rohres. Lafette als Kastenlafette mit Stahlspeichenrädern und abnehmbaren Kufenstücken. Transport mit Pferdezug in 2 Lasten; späteres Modell des 21 cm Mörsers wurde für mot. Zug in einer Last hergestellt.

Verwendung: Von Krupp entwickelt, 1916 eingeführt. Geschütz war entworfen worden, um die Leistung des damaligen Standard-21-cm-Mörsers durch Verlängerung des Rohres zu steigern. S. a. 21 cm Mrs. 18.

Beurteilung: Veraltetes Geschütz mit ungenügender ballistischer Leistung.

21 cm MÖRSER 18

Gew.: 16700 kg RL: 6510 mm S/h: 30 SW: 16700 m

Ähnlich: 15 cm Schiffskanone C/28 in Mörserlafette.

Besondere Merkmale: Lafette dieselbe wie bei 17 cm Kanone in Mörserlafette beschrieben. Ausnahme: während für die 17 cm Kanone die Erhöhung durch ein Anschlagstück auf dem Zahnbogen auf 50° begrenzt wurde, betrug die max. Erhöhung des 21 cm Mörsers 18 annähernd 70°. Schießen in beiden Winkelgruppen möglich; für untere Winkelgruppe betrug die Mindestentfernung 3000 m. Neuere Lafettenwagen mit 3 Achsen und Vollballonrädern, Rohrwagen mit 2 Achsen. Die 15 cm Schiffskanone C/28 wurde in leicht abgewandelter Form auf die Lafette des 21 cm Mörsers 18 aufgesetzt, vor allem als zeitweilige Behelfslösung, solange über die Einführung der 17 cm Kanone 18 und die Lafettierung in der Mörserlafette noch nicht entschieden war. Die 15 cm SK C/28 in Mörserlafette wurde in 2 Lasten transportiert unter Benutzung des Rohrtransportwagens des 21 cm Mörsers 18.

Verwendung: Entwickelt von Krupp, eingeführt 1939. Das Geschütz ersetzte den 21 cm langen Mörser. Bis zum Beginn des zweiten Weltkrieges war die Forderung nach einem beweglichen 21 cm Geschütz aufrechterhalten worden. 1942 wurde entschieden: Aufgabe dieses Kalibers zugunsten einer konzentrierten Produktion der 17 cm Kanone und des Entwurfes neuerer 24 cm Geschütze. S. Art.Abt.(mot) der Heeresartillerie mit je 2 bis 3 Batterien zu je 2 bis 3 Mrs. 1941 (Febr.) bestanden folgende mit 21 cm Mrs. ausgestattete Art.Abt.: II./109, III./109, II./115, 604, 607, 615, 616, 635, 636, 637, 732, 733, 735, 736, 777, 808, 809, 816 und 817.

Beurteilung: Durch Schießen in beiden Winkelgruppen volle Ausnutzung der ballistischen Leistung.

21 cm MÖRSER 18, ältere Ausführung des Fahrgestells

21 cm KANONE KRUPP L/50

Gew.: 35100 kg RL: 10500 mm S/h: 25 SW: 34000 m

Besondere Merkmale: Kastenlafette, aufgesetzt auf eine radial verstrebte Grundplatte, ähnlich der bei der K 39 gebrauchten. Zahnkranz am Außenrand der Grundplatte für Rundumschwenkbarkeit; schnelles Grobrichten nach der Seite durch Zahnradgetriebe an der Grundplatte, Feinrichten mit Handrad an der Lafette. Bei Verwendung als Küstengeschütz elektrische Übertragung der Seiten- und Höhenrichtwerte; bei Verwendung als Feldgeschütz normale Richtoptik. Mantelrohr, auswechselbares Futterrohr, aufgeschraubter Verschluß mit horizontalem Gleitkeil. Zwei Gewichtsausgleicher, hydraulische Rücklaufbremse innerhalb der Wiege, hydro-pneumatischer Vorholer oberhalb des Rohres. Unterlafette als Kastenlafette mit Federung und Vollgummireifen. Transport in 3 Lasten: Rohr auf Rohrtransportwagen, Lafette auf ihren eigenen Rädern. Grundplatte auf Spezialfahrzeug.

Verwendung: Entwicklung von Krupp, vor dem zweiten Weltkrieg für den Export vorgesehen. Im Verlauf des Krieges ist wenig von dem Geschütz bekanntgeworden; es ist unwahrscheinlich, daß eine größere Zahl hergestellt worden ist. (S. a. 21 cm Kan. 39).

Beurteilung: Zeitbedarf für Ausheben des Untergrundes und Einpassen der Grundplatte etwa 3 bis 4 Stunden, Aufmontieren des Geschützes auf die Grundplatte etwa 1½ Stunden. Dieser Aufwand, zusammen mit dem hohen Gewicht, ist auch unter Berücksichtigung der erzielten Schußweite als zu hoch zu bezeichnen.

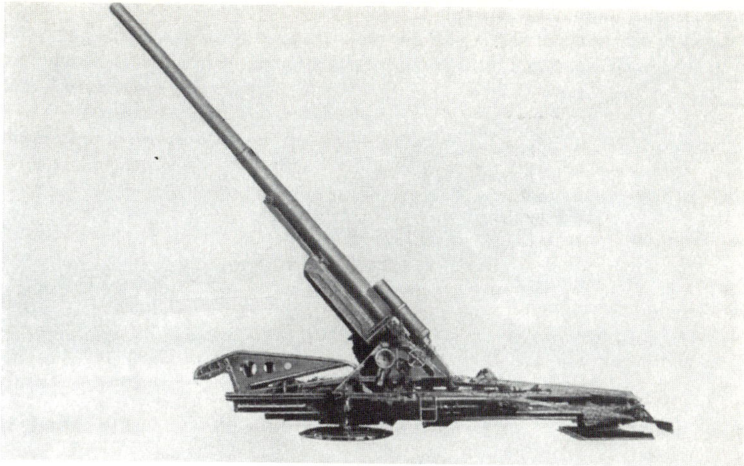

21 cm KANONE 38

Gew.: 25300 kg RL: 11620 mm S/h: 25 SW: 33900 m

Besondere Merkmale: Weiterentwicklung des doppelten Rücklaufs des 21 cm Mörsers 18 und der 17 cm Kanone 18. Die ganze Lafette läuft mit Ausnahme der kreisförmigen Grundplatte des Lafettenlagers, der Spornplatte und der darauf ruhenden Lafettenabstützung zurück. Ein Verschieben der Grundplatte beim Feuern wird durch 4 in den Boden getriebene Ankerpfähle verhindert, die mit Drahtseilen am Rand der Grundplatte befestigt sind. Drehbare Lagerung der Unterlafette auf der Grundplatte mit begrenzter Seitenschwenkbarkeit von 17°, bei größerer Schwenkung Drehung auf den 3 Abstützungen wie bei 17 cm Kanone 18 auf Mörserlafette beschrieben. Ankerpfähle sind ggf. der neuen Schußrichtung anzupassen. Transport in 2 Lasten, zusätzlich ein Fahrzeug für Zubehör. An der Unterseite der Lafette vorn und hinten abgeschrägte Flächen, unter denen sich die Fahrachsen gegeneinander bzw. auseinander bewegen konnten, dadurch Anheben bzw. Absenken der Lafette ohne Kran. Diese Bewegung der Fahrachsen durch Handwinde mit Zahnradgetriebe oder durch Seilwinde mit Motorkraft der Zugmaschine.

Verwendung: Von Krupp entwickelt auf Grund eines Auftrages des Oberkommandos des Heeres vom Jahre 1938, der bis 1940 die Lieferung von 15 Geschützen vorsah. Tatsächlich hergestellt wurden bis 1943 sieben Geschütze, von denen eines nach Japan ging. Produktion während des Krieges abgebrochen (s. a. 21 cm Kan. 39).

Beurteilung: Dieselbe Gruppe von Krupp-Konstrukteuren, die den 21 cm Mörser 18 und die 17 cm Kanone entwickelt hatten, schuf die 21 cm Kanone 38, auf die sie mit Recht stolz waren. Die 21 cm K 38 war der 21 cm K L/50 und der 21 cm K 39 wesentlich überlegen.

21 cm KANONE 39

Gew.: 37 000 kg　　RL: 9530 mm　　S/h: 25　　SW: 30 000 m

Ähnlich: 21 cm KANONE 39/40　　24 cm HAUBITZE 39
21 cm KANONE 39/41　　24 cm HAUBITZE 39/40

Besondere Merkmale: Kaltgerecktes, einteiliges Rohr mit Rohrmantel. Unterbrochener Schraubgewindeverschluß mit Abdichtung und Schlagzündung. Rohr läuft in zylindrischer Jackenwiege. Hydraulische Rohrbremse unter dem Rohr, hydro-pneumatischer Vorholer oberhalb des Rohres. Unterlafette mit Drehtisch, der auf Kugellager auf kastenförmiger Grundplatte ruht, die in den Boden eingegraben ist. An den Ecken der Grundplatte vier bewegliche Arme zur Verbesserung der Bodenabstützung. Seiten- und Höhenrichtbewegung durch Handrad mit zwei verschiedenen Geschwindigkeiten. Geladen wird bei 8° Erhöhung mittels eines zweirädrigen Geschoßkarrens. Transport in 3 Lasten: Rohr, Oberlafette, Unterlafette mit Grundplatte. Jede Last auf zweiachsigem Fahrgestell mit Luftreifenrädern.

21 cm K 39/40 war verbessertes Modell, unveränderte Daten der Hauptleistungen.

21 cm K 39/41 weitere Verbesserung, Leistung unverändert, Versuche mit Mündungsbremse.

24 cm H 39 Schwestergeschütz zu 21 cm K 39, Entwurfsprinzip und Transport analog. Skodabezeichnung 166/600 (166 kg Geschoßgewicht und 600 m/s Mündungsgeschwindigkeit).

24 cm H 39/40 Verbesserung unter Beibehaltung der Leistung.

Verwendung: Von Skoda für die Türkei und Schweden gebaut. Eine Anzahl dieser Geschütze vom deutschen Heer unter obiger Bezeichnung übernommen. Die 24 cm H 39 war ebenfalls ein türkischer Auftrag an Skoda. Im Febr. 1941 waren bei der Heeresartillerie mit 21 cm Kan. ausgestattet: s. Art.Abt. (mot.Z.) 767 (2 Batterien zu je 2 Kan.) und 768 (3 Batterien zu je 2 Kan.).

Beurteilung: Ein gut durchkonstruiertes Geschütz, das jedoch hinsichtlich Aufwand und Leistung der 21 cm Kanone 38 unterlegen war.

21 cm KANONE 39

oben: Rohr
mitte: Oberlafette
unten: Unterlafette

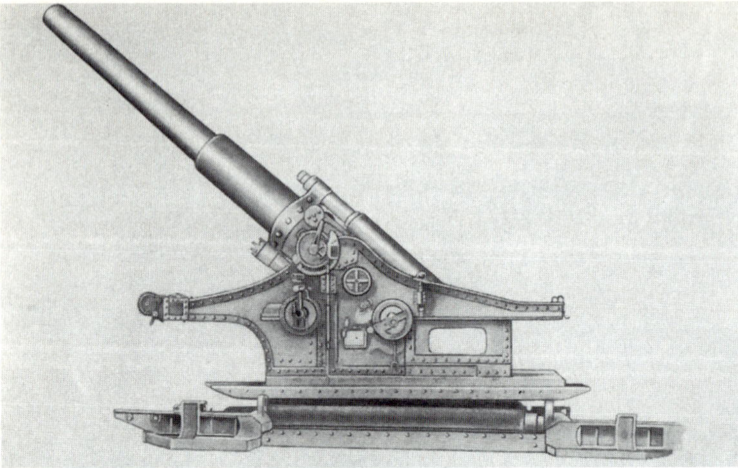

24 cm HAUBITZE 39

★ ★
★

24 cm KANONE L/46

Gew.: 45200 kg RL: 10948 mm S/h: 20 SW: 32000 m

Besondere Merkmale: Abnehmbares Rohr mit Mantelrohr; abnehmbares Verschlußstück mit horizontalem Gleitkeil. Kastenlafette; Blockierung der Federung in Schießstellung. Hydraulische Rücklaufbremse innerhalb der Wiege, hydro-pneumatischer Vorholer oberhalb des Rohres, 2 Gewichtsausgleicher. Richtwerte von zentralem Feuerleitgerät elektrisch übermittelt, Richtbewegungen indirekt durch synchronisiertes, automatisches System mit Anzeigedeckungsgerät am Geschütz. Für den Bedarfsfall steht normale Richtoptik zur Verfügung. Um das Geschütz mit der Null-Stellung des Feuerleitgerätes parallel zu stellen, ist der äußere Rand der Grundplatte mit einem Zahnkranz versehen. Grundplatte mit 12 speichenartigen Holmen und äußeren Bogenstücken für geschlossenen Kreis, auf dem sich das Lafettenende bewegen kann. Transport in 3 Lasten: Rohr, Lafette und Grundplatte. Bisweilen Verschlußblock als vierte Last gesondert.

Verwendung: Von Krupp entwickelt, 1937 eingeführt. Nur eine kleine Anzahl dieser Geschütze wurde in Dienst gestellt (I./Art.Regt. 84); s. a. 24 cm Kan. K 3.

Beurteilung: Das Geschütz kann konstruktiv als Vorgänger der K 3 gewertet werden. Es wurde auch in der Fertigung durch diese abgelöst.

24 cm KANONE 3

Gew.: 54 866 kg RL: 13 102 mm S/h: 15 SW: 37 500 m

Besondere Merkmale: Rohr mit Mantelrohr, Verschluß mit horizontalem Gleitkeil. Neuartiges doppeltes Rücklaufsystem: oberer Rohrrücklauf mit 2 Bremsen und 1 Vorholer, unterer Lafettenrücklauf mit 1 Bremse und 2 Vorholern. Verhältnis rücklaufender zu ruhender Masse: 46 t zu 8 t. Gewichtsausgleich durch 2 hydro-pneumatische Ausgleicher. Transport in 5 Lasten: Grundplatte, Lafette, Wiege, Rohr und Verschlußblock. Als 6. Last der dazu gehörige Generator. Instellunggehen ohne Einsatz eines Kranes durch Verwendung von Rollen und schiefen Ebenen; Bewegungskräfte von den Zugmaschinen oder durch Handkurbeln. Erhöhungen von —1° bis 56° möglich, entweder Handantrieb oder maschineller Antrieb. Feine Seitenrichtbewegung nur von Hand, je 3 Grad links und rechts auf der Lafette. Grobe Seitenrichtung auf der Grundplatte um 360° in etwa 1 Minute.

Verwendung: Entwicklung begann 1935, Einführung 1938. Entwurf von Rheinmetall, Bau des Geschützes größtenteils von Krupp. Im Febr. 1941 war die s. Art.Abt.(mot) I./84 mit 3 Batterien zu je 2 Kan. ausgerüstet, die Schwesterabteilung II./84 führte in ihren 3 Batterien 24 cm Kan. aus übernommenen tschechischen Beständen.

Beurteilung: Im Verhältnis zum Gewicht leichte Beweglichkeit und leichte Bedienbarkeit. Kurze Zeiten für Feuerbereitschaft (1 bis 1½ Stunden). Zahlreiche Neuerungen in der Konstruktion, z. B. Ausbildung der Wiege und des doppelten Rücklaufes. Umständliche Transportart. Verhältnismäßig geringe Schußweite für dieses Kaliber und Gesamtgewicht.

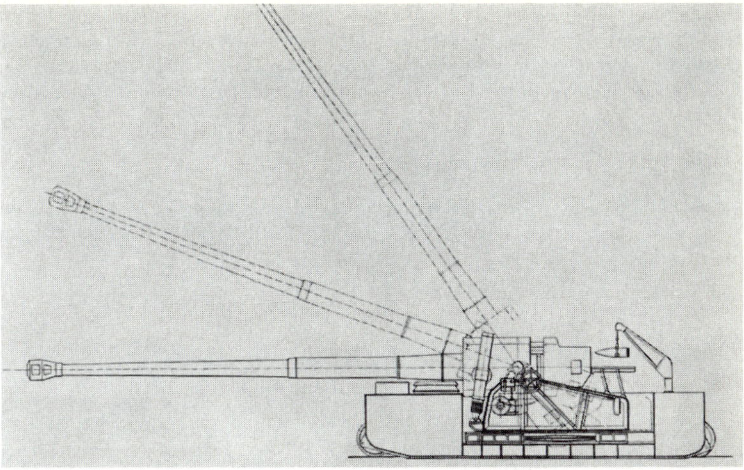

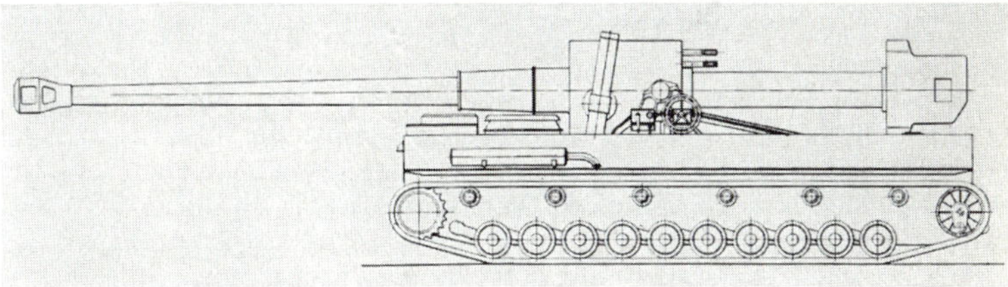

24 cm KANONE 4 Sf (Entwurf Krupp 1)

Gew.: 55000 kg RL: 17280 mm S/h: 20 SW: 49000 m

Ähnlich: 24 cm K 4 (Entwurf Rheinmetall)
24 cm K 4 (Prototyp Krupp 2)

Besondere Merkmale: Entwurf Krupp 1 Vollketten-Selbstfahrlafette mit an jeder Seite 10 an Drehstäben gelagerten Laufrädern ähnlich 60 cm Mörser „Karl". Die Drehstäbe sind schwenkbar, und der gesamte Fahrzeugkasten wird in Feuerstellung auf den Erdboden gesenkt (obere Skizze).
Entwurf Krupp 2 sah ein zwischen zwei Vollkettenfahrgestellen („Tiger") fahrbar gemachtes Geschütz vor, das auch auf Eisenbahndrehgestelle gesetzt werden konnte.

Verwendung: Entwicklungen zum Ersatz der K 3. Gefordert war Schußweite von 48 bis 49 km bei einem Geschoßgewicht von 160 kg und hoher Beweglichkeit. Entscheidung zwischen den beiden Entwürfen war noch nicht gefallen, als der Bombenkrieg die Weiterarbeit an den Projekten verhinderte. Ein Versuchsmuster nach dem Entwurf Krupp 2 ist gebaut und erprobt worden.

Beurteilung: Die Verlastung auf zwei Vollkettenfahrgestelle stellte den letzten Stand der Entwicklung dar und sie war damals am erfolgversprechendsten. Das System wurde nach dem Kriege in ähnlicher Form bei der US 280 mm Kanone angewendet. (Geschütz für konventionelle und atomare Munition.)

★ ★
★

35,5 cm HAUBITZE M 1

Gew.: 75000 kg RL: 10355 mm S/h: 10 SW: 20850 m

Besondere Merkmale: Rohr mit kurzem, aufgeschrumpftem Mantelrohr. Abnehmbarer Verschluß mit horizontalem Gleitkeil. Ober- und Unterlafette ähneln in ihrer Konstruktion rechteckigen Stahlkästen ohne Boden und Deckflächen. Rohrrücklauf innerhalb der Wiege; 2 Bremsen und 1 Vorholer. Seitenrichten durch einen Antrieb, der das Lafettenende auf dem Grundplattenrand bewegt. Das Höhenrichtgetriebe (obere Winkelgruppe) hat 2 Geschwindigkeiten, wahlweise für Hand- oder maschinellen Antrieb. Gewichtsausgleich durch 2 hydro-pneumatische Ausgleicher, Transport in 6 Lasten: Rohr, Unterlafette, Oberlafette, Wiege, vordere Grundplatte, hintere Grundplatte. Jede Last auf 6-Rad-Anhänger mit Luftbereifung. Eine 7. Last ergibt der elektrische Kran, der die übrigen Einzellasten von ihren Transportfahrzeugen hebt und montiert.

Verwendung: 1936 durch Rheinmetall entworfen, 1939 eingeführt, vermutlich 3 bis 5 Stück. Im Febr. 1941 war lediglich 1 Batterie der s. Art.Abt. (motZ.) 641, mit einem 35,5 cm Mrs M 1 ausgerüstet.

Beurteilung: Trotz des großen Gewichtes und der Verlastung benötigt das Instellunggehen des Geschützes bis zur Feuerbereitschaft kaum mehr als 2 Stunden. Geschützsilhouette sehr hoch.

42 cm GAMMA-MÖRSER

Gew.: 140000 kg	RL: 6720 mm	S/h: 8	SW: 14200 m

Besondere Merkmale: Seelen- und Mantelrohr, Schildzapfenlagerung im Schwerpunkt von Rohr und Wiege. Rohrrücklauf; 2 hydraulische Bremsen oberhalb und hydro-pneumatischer Vorholer unterhalb des Rohres. Transport auf Eisenbahn auf 10 Flachwagen.

Verwendung: Geschütz stammt aus dem Kriege 1914/18; die Entwürfe von Krupp gehen auf das Jahr 1906 zurück. Damals wurden insgesamt 10 Geschütze mit 18 Rohren hergestellt. Eine Anzahl von Unterlagen und Teilen entging der Zerstörung beim Waffenstillstand 1918, und 1936/37 konnte ein Geschütz rekonstruiert werden, das auf dem Schießplatz Meppen aufgestellt wurde und Versuchen gegen Betonbefestigungen diente.

60 cm MÖRSER „KARL“ (Gerät „040“)
(genannt „THOR“)
im Vordergrund: Mun. Pz. IV mit 2,5 t Kran.

Gew.: 120000 kg	RL: 5068 mm	S/h: 12	SW: 6800 m

Ähnlich: 54 cm Mörser (Gerät „041“)

Besondere Merkmale: Vollketten-Selbstfahrlafette. Laufwerk mit 11 Laufrollen mit hohlen Stahlreifen. Antrieb mit 12-Zylinder-Dieselmotor über zwei Planetenrädergetriebe und eine Viergangschaltung. Lenkung mittels einfachem Steuerknüppel, bei kleinstem Lenkradius durch Blockieren einer Gleiskette bei Antrieb der anderen. Für Straßentransport über längere Strecken oder nicht ausreichend tragfähige Brücken auf Kulemeier-Fahrzeuge verlastbar, zerlegt in Fahrzeug, Lafette, Rohr und Ladevorrichtung samt Brücke. Im Bahntransport einlastig auf 2 fünfachsigen Drehgestellen. Zum Aufbau für je 2 Geschütze ein 35-t-Kran und zwei 7-t-Kräne verfügbar. Munitionierung mittels Spezialschlepper mit 2,5-t-Kran auf Fahrgestell des Panzerkampfwagens IV.
Zum Schuß wird der Fahrzeugkasten mittels Schwenkhebelvorrichtung auf den Erdboden abgesenkt, zwecks Aufnahme des hohen senkrechten Rückstoßdruckes. Ausführung mit doppeltem Rücklauf (Rohr und Lafette). Grobe Seitenrichtung durch Schwenken des ganzen Fahrzeuges auf den Gleisketten. Schußwinkelbereich mit Rücksicht auf Stabilität des Geschützes

einerseits und auf Bahnfolgsamkeit des Geschosses andererseits auf 50 bis 60° beschränkt, daher 4 Ladungsbereiche nötig.
Unterbringung der Treibladung bei „040“ in einem nach hinten offenen Hohlraum im Geschoßboden (wegen der Kürze des Verbrennungsraumes im Verhältnis zum Kaliber). Im Feldeinsatz Munitionsausstattung nur mit Be-Granaten mit ballistischer Haube aus Silumin, Entwicklung einer Panzergranate nicht zu Ende geführt.
„041“ hatte dieselbe Lafette wie „040“, jedoch längeres Rohr, etwas höheres Gesamtgewicht und Kartuschmunition.

Verwendung: Das OKH forderte 1937 ein überschweres Geschütz zur Bekämpfung von starken Panzerwerken. Die zunächst geplante Betonbettung scheiterte an der damit verbundenen Unbeweglichkeit des Geschützes mit Rücksicht auf die Feindeinwirkung. So entstand schließlich die Selbstfahrlafette mit geringer Marschfähigkeit, was durch Straßentransport auf Spezialtiefladern und Eisenbahntransport mittels besonderer Drehgestelle ausgeglichen wurde. Fertigstellung der ersten Lafette anfangs 1939 für Versuchszwecke, anschließend 6 weitere Geräte zur Truppenverwendung. Fronteinsatz nur in wenigen Fällen zum Angriff auf schwere Festungswerke, besonders vor Brest-Litowsk und Sewastopol.

Beurteilung: Beschränkt geländegängig, nämlich insoweit die Bodenfestigkeit zur Aufnahme des ungewöhnlich hohen spezifischen Bodendruckes genügte. Sowohl die moralische als auch die materielle Wirkung der überschweren Geschosse war ungewöhnlich groß. Die Streuung hielt sich in günstigen Grenzen. An eine Fertigung des Geschützes in größerer Stückzahl war wegen des außerordentlichen Aufwandes an Material und Arbeit nicht zu denken. So bleibt das „Karl“-Geschütz mehr eine waffentechnische Denkwürdigkeit, als ein großer praktischer Erfolg.

60 cm MÖRSER „KARL“ in Feuerstellung

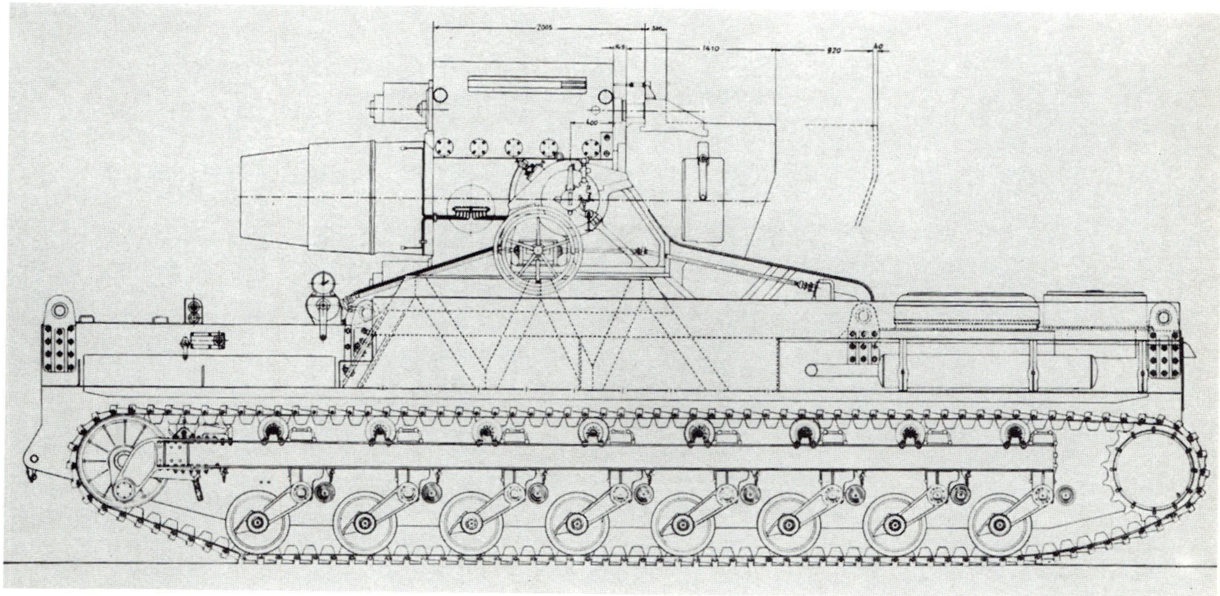

60 cm MÖRSER „KARL“ in Fahrstellung

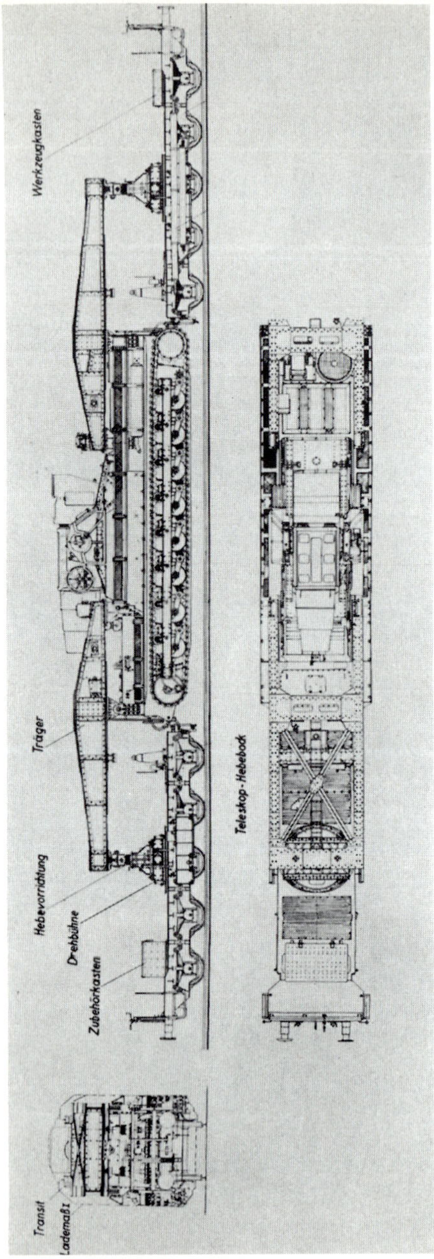

60 cm MÖRSER „KARL" im Eisenbahntransport

Modell	15 cm Kanone 16	15 cm Kanone 18	15 cm Kanone 39	15 cm Schiffskanone C/28
Kaliber mm	149,3	149,1	149,1	149,1
Rohrlänge mm	6410	8200	8255	8291
Seelenlänge mm	.	.	7868	7815
Gezogener Teil mm	4758	6432	6505	6584
Verbrennungsraum Liter	21,9	24	24,9	.
Züge Zahl	.	.	.	44
Züge Tiefe mm	.	.	.	1,63
Züge Breite mm	.	.	.	6,1
Felderbreite mm	.	.	.	5
Drall, Art und Winkel	gleichbl. 7,95°	gleichbl. R. 6°	zunehm. R. 4,27°—6°	zunehm. R. 1:50—1:30
Abfeuerung	.	.	Schlag od. el.	Schlag
Rücklauf max. mm	2100	1510	1480	640
Rücklauf min. mm	1800	1450	1450	300
Richtmittel Seite	.	.	Handr.	Handr.
Richtmittel Höhe	.	.	Handr.	Handr.
Schwenkbereich °	8	11 (360)	60 (360)	360
Erhöhung °	—3 +43	—2 +45	—3 +46	—7°30′ +47°30′
Feuergeschw. S/min	2	2	2	.
Fahrstellung Länge mm	.	.	8550	12853
Fahrstellung Breite mm	.	.	2593	2769
Fahrstellung Höhe mm	.	.	2750	2950
Feuerstellung Länge mm	.	.	.	10668
Feuerstellung Breite mm	.	.	.	6287
Feuerstellung Höhe mm	.	.	.	2515
Gewicht Fahrstellung kg	14620	18310	18200	26163
Gewicht Feuerstellung kg	10870	12460	12200	19761
V_0 maximal m/s	757	865	865	875
Gebrauchsgasdruck at	2950	3000	3000	.
Mündungswucht m/t	1501	1640	1819	.
Schußweite max. m	22000	24825	24825	23500
Zahl der Ladungen	3	3	3	.
Geschoß-Art	Spr.Gr.	Spr.Gr.	Spr.Gr.	Spr.Gr.
Geschoß-Gewicht kg	51,4	43	43	45,3
Geschoß-Art		Be.	Be.	Pz.Spr.Gr.
Geschoß-Gewicht kg		43,5	43,5	45,3
Geschoß-Art				Be.
Geschoß-Gewicht kg				43,5

Modell	17 cm Kanone 18 in Mörserlafette	21 cm Langer Mörser	21 cm Mörser 18	21 cm Krupp L/50
Kaliber mm	172,5	211	210,9	209,3
Rohrlänge mm	8529,5	3063	6510	10500
Seelenlänge mm	8103	.	6070	.
Gezogener Teil mm	6464	2296	5274	.
Verbrennungsraum Liter	41,6	11,6	24,5	.
Züge Zahl	48	.	64	.
Züge Tiefe mm	1,65	.	2,4	.
Züge Breite mm	6,8	.	5,6	.
Felderbreite mm	.	.	3,9	.
Drall, Art und Winkel	zunehm. R. 4°16′40″ –5°58′42″	. .	zunehm. R. .	. .
Abfeuerung	Schlag	.	Schlag	.
Rücklauf max. mm	950+1430	.	850+1200	1800
Rücklauf min. mm	860+1250	.	500+1000	1200
Richtmittel Seite	.	.	.	Handr.
Richtmittel Höhe	.	.	.	.
Schwenkbereich °	16 (360)	4	16 (360)	360
Erhöhung °	0 +50	–6 +70	0 +70	–4 +45
Feuergeschw. S/h	40	30	30	25
Fahrstellung Länge mm	12810	.	12810	.
Fahrstellung Breite mm	2830	.	2830	.
Fahrstellung Höhe mm	3110	.	3110	.
Feuerstellung Länge mm	.	.	.	.
Feuerstellung Breite mm	.	.	.	.
Feuerstellung Höhe mm	.	.	.	.
Gewicht Fahrstellung kg	23375	8900	22700	.
Gewicht Feuerstellung kg	17520	9220	16700	35100
V_0 maximal m/s	925	393	565	875
Gebrauchsgasdruck at	3200	2400	2450	.
Mündungswucht m/t	2739	890	1839	4736
Schußweite max. m	29600	11100	16700	34000
Zahl der Ladungen	4 (nur 4 te)	7	6	3
Geschoß-Art	Spr.Gr.	Spr.Gr.	Spr.Gr.	Spr.Gr.
Geschoß-Gewicht kg	68	113	113	120
Geschoß-Art	Spr.Grhb.	Be.	Be.	
Geschoß-Gewicht kg	62,8	121,4	121,4	

Modell	21 cm Kanone 38	21 cm Kanone 39	24 cm Kanone L/46	24 cm Kanone 3
Kaliber mm	210,9	210	238	238
Rohrlänge mm	11620	9530	10948	13102
Seelenlänge mm	11075	.	.	12480
Gezogener Teil mm	8717	7193	.	10328
Verbrennungsraum Liter	90,5	.	.	110
Züge Zahl	56	.	.	64
Züge Tiefe mm	2,4	.	.	2,05
Züge Breite mm	7,24	.	.	6,5
Felderbreite mm	4,6	.	.	5,45
Drall, Art und Winkel	zunehm. R. 4°29′27″—5°30′	gleichbl. 6,6°	. .	gleichbl. 5°
Abfeuerung	Schlag	.	.	Schlag
Rücklauf max. mm	950+1850	1350	1450	1000+1240
Rücklauf min. mm	880+1150	870	.	.
Richtmittel Seite	Handr.	Handr.	el., Handr.	Handr.
Richtmittel Höhe	Handr.	Handr.	el., Handr.	el., Handr.
Schwenkbereich °	17 (360)	360	360	6 (360)
Erhöhung °	0 +50	—4 +45	—4 +45	—1 +56
Feuergeschw. S/h	25	25	20	15
Fahrstellung Länge mm	.	.	31100	.
Fahrstellung Breite mm	.	.	.	2846
Fahrstellung Höhe mm	.	.	.	3050
Feuerstellung Länge mm	14987	.	.	17200
Feuerstellung Breite mm	3277	.	.	2874
Feuerstellung Höhe mm	2769	.	.	3175
Gewicht Fahrstellung kg	34825	48200	57200	84636
Gewicht Feuerstellung kg	25300	37000	45200	54866
V_0 maximal m/s	905	800	850	970
Gebrauchsgasdruck at	2900	2900	.	3100
Mündungswucht m/t	5009	4404	6225	7300
Schußweite max. m	33900	30000	32000	37500
Zahl der Ladungen	3	3	3	2
Geschoß-Art	Spr.Gr.	Spr.Gr.	Spr.Gr.	Spr.Gr.
Geschoß-Gewicht kg	120	135	180	151,4
Geschoß-Art		Be.		
Geschoß-Gewicht kg		135		

Modell	24 cm Kanone 4	35,5 cm Haubitze M 1	42 cm Gamma-Mörser
Kaliber mm	240	356	420
Rohrlänge mm	17280	10355	6720
Seelenlänge mm	.	.	.
Gezogener Teil mm	.	7848	5323
Verbrennungsraum Liter	.	168,5	135
Züge Zahl	.	96	.
Züge Tiefe mm	.	.	.
Züge Breite mm	.	.	.
Felderbreite mm	.	4,5	.
Drall, Art und Winkel	.	gleichbl. 5°	zunehm. 4°–9°
Abfeuerung	.	.	.
Rücklauf max. mm	.	1000+1300	1470
Rücklauf min. mm	.	.	1400
Richtmittel Seite	.	.	.
Richtmittel Höhe	.	.	.
Schwenkbereich °	16 (360)	6 (360)	46
Erhöhung °	0–55	45–75	43–75
Feuergeschw. S/h	20	10	8
Fahrstellung Länge mm	.	.	.
Fahrstellung Breite mm	.	.	.
Fahrstellung Höhe mm	.	.	.
Feuerstellung Länge mm	.	.	.
Feuerstellung Breite mm	.	.	.
Feuerstellung Höhe mm	.	.	.
Gewicht Fahrstellung kg	65500	ca. 120000	–
Gewicht Feuerstellung kg	55000	75000	140000
V_0 maximal m/s	1100	570	452
Gebrauchsgasdruck at	.	2500	2450
Mündungswucht m/t	.	9520	10621
Schußweite max. m	49000	20850	14200
Zahl der Ladungen	.	4	4
Geschoß-Art	.	Be.	Be.
Geschoß-Gewicht kg	160	575	1020

Modell	Gerät „040“	Gerät „041“
Kaliber mm	600	540
Rohrlänge gesamt mm	5068	7100
Seelenrohrlänge mm	4200	6200
Länge des gezogenen Teiles mm	3875	5700
Länge des Ladungsraumes mm	325	.
Geschoßweg mm	4200	5800
Drall, konstant °	5	5
Zahl der Züge	112	96
Rohrkonstruktion	Vollrohr	Vollrohr mit Füllmantel
Verschlußkonstruktion	Flachkeil	Flachkeil
Schwenkbereich rechts und links °	2½	2½
Erhöhungsgrenze °	70	70
Schußwinkelbereich °	50—60	50—60
Feuergeschwindigkeit S/h	6—12	6—12
Zeitbedarf für Feuerbereitschaft min	8—9	8—9
Verladelänge mm	11150	11150
Feuerhöhe mm	3050	3050
Spurweite mm	2650	2650
Bodenfreiheit mm	350	350
Verladebreite mm	3150	3150
Verladehöhe mm	4780	4780
Gewicht mit Fahrzeug kg	120000	124000
Gewicht ohne Fahrzeug kg	68000	72000
Rohrgewicht mit Verschluß und Bodenstück kg	28330	32000
Bodendruck kg/cm²	1,77	1,83
senkrechter Rückstoßdruck t	700	700
Kettenauflagelänge mm	7000	7000
Kettenbreite mm	500	500
Auflagefläche cm²	70000	70000
Lenkfaktor	2,65	2,65
Fahrgeschwindigkeit km/h	10	10
Zahl der Laufrollen	11	11
Leistung des Antriebmotors PS	580	580
Zahl der Schaltgänge	4	4
Achslast auf Eisenbahn t	18	18
Länge bei Bahntransport mm	32000	32000
Lastenzahl für Landtransport auf Tiefladern	4	4

Modell	Gerät „040“	Gerät „041“
Rohrbremsenrücklauf max. mm	920	920
Lafettenbremsenrücklauf max. mm	780	780
Rücklaufende Masse der Rohrbremse kg	30500	30500
Rücklaufende Masse der Lafettenbremse kg	69150	69150
Rücklaufenergie des Rohres mt	445	445
Rücklaufenergie der Lafette mt	81	81
Bremsdruck des Rohres t	580	580
Bremsdruck der Lafette t	104	104
Flüssigkeitsdruck der Rohrbremse kg/cm²	200	200
Flüssigkeitsdruck der Lafettenbremse kg/cm²	141	141
Vorspannung der Vorholer für Rohr und Lafette at	60	60
Endspannung der Vorholer für Rohr und Lafette at	138	138
Zahl der Rohrrücklaufbremsen	4	4
Zahl der Lafettenbremsen	2	2
Zahl der Vorholer für Rohr	2	2
Zahl der Vorholer für Lafette	2	2
Bremszylinderfüllung	Flüssigkeit	Flüssigkeit
Vorholerzylinderfüllung	Luft	Luft
Gebrauchsgasdruck at	1800	1800
Konstruktionsgasdruck at	2300	2300
Mündungswucht max. mt	5400	5400
Rohrverwertung kg/mt	5,24	5,93
Anfangsgeschwindigkeit, max. m/s	264	387
Schußweite, max. m	6800	10500
Gewicht der Be-Granate kg	2200	1580
Sprengstoffgewicht kg	240	180
Sprengstoffgewicht in %	10,9	11,4
Ladungsgewicht, max. kg	32	57
V_0 m/s	220	300
Abfeuerung	elektrisch	elektrisch
50%ige Längenstreuung %	1	1
Unterbringung der Treibladung	in rückwärts verlängertem Geschoßmantel	in getrennter Kartusche
Durchschlagsleistung Beton mm	2500	3000
Durchschlagsleistung Panzerstahl mm	450	.
Geschoßführung mit	Band	Band
Zünder	Bodenzünder	Bodenzünder

Eisenbahngeschütze

15 cm KANONE (E)

Gew.: 74000 kg RL: 5680 mm S/h: 20 SW: 11300—22500 m

Ähnlich: 17 cm Kanone (E)
(Gew.: 80000 kg, RL: 6900 mm, S/h: 20, SW: 13350 bis 26800 m).

Besondere Merkmale: Profilgängiges Eisenbahngeschütz mit Rundum-Lafette auf zwei dreiachsigen Drehgestellen. Ausrüstung mit Rohr und Wiege der 15 cm S.K. L/40 (Schiffskanone). Zur Aufnahme des Rückstoßdruckes beidseitig je 2 ausschwenkbare und absenkbare Stützen. Im Einsatz unabhängig von der Gleisrichtung. Die gleiche Lafette wurde auch mit Rohr und Wiege der 17 cm S.K. L/40 ausgerüstet.

Verwendung: Das „Sofort-Programm" von 1936 betreff Schaffung von Eisenbahnartillerie sah die Verwendung vorhandener Rohre samt Wiege und Rücklaufeinrichtung aus Beständen der Marine vor. Beginn der Entwicklung bei Krupp 1937, Fertigstellung 1938 (10 Stück). Einsatz als Heeresartillerie in Schwerpunkten und auf vorbereiteten Gleisanlagen zur Küstenverteidigung. Kriegsgliederung 1941: Eisenbahn-Batterie 655 mit 2 Kanonen, 15 cm, Batterie 717 und 718 mit je drei 17 cm Kanonen (E).

Beurteilung: Die Verwendung der alten Marinerohre konnte ballistisch keinen Fortschritt bedeuten, sie ermöglichte jedoch feldbrauchbare Fernfeuer-Kanonen in kürzester Zeit bereitzustellen. Das Geschütz hat, wie alle Eisenbahn-Lafetten mit Rundumfeuer und seitlicher Abstützung den Nachteil, daß es sich der feindlichen Gegenwirkung nicht so schnell durch Stellungswechsel entziehen konnte, wie bei freiem Rücklauf auf dem Gleis. Die Treffgenauigkeit befriedigte.

20 cm KANONE (E)

Gew.: 86100 kg RL: 12150 mm S/h: 20 SW: 13700—36400 m

Besondere Merkmale: Profilgängiges Eisenbahngeschütz mit Rundum-Lafette auf zwei vierachsigen Drehgestellen. Ausgerüstet mit Rohr und Wiege der 20,3 cm S.K. C/34 (Schiffskanone). Beidseitig je 2 ausschwenkbare und absenkbare Stützen. Einziges Heeresgeschütz mit Kaliber 20,3 cm. Versuch auf Ausbohren auf 21 cm zwecks einheitlicher Munitionierung wurde aufgegeben. Die ausgeschossenen Rohre sollten aber durch Rohre der 21 cm K. 38 ersetzt werden. Mantelrohr und freitragendes Seelenrohr. Waagrechter Schubkurbel-Verschluß, Jackenwiege mit 2 Rohrbremsen unter dem Rohr und 1 Luftvorholer über dem Rohr. Der Schwenkbereich von 360° wurde durch Aufsetzen einer transportablen Drehscheibe auf das Hauptgleis erreicht.

Verwendung: Fertigung im Rahmen des „Sofort-Programms“ von 1936 durch Krupp. Entwicklungs- und Bauzeit von 1936 bis 1941, insgesamt 8 Stück fertiggestellt. Einsatz als Heeresartilleriegeschütz in Schwerpunkten und auf vorbereiteten Gleisanlagen zur Küstenverteidigung.

Beurteilung: Der beim Heere bestehende Mangel an Geschützen für schweres Flachfeuer zwang dazu, auch die vorhandenen Marinerohre mit Sonderkaliber zu verwenden. Das Geschütz besitzt dieselben Vor- und Nachteile, wie die anderen Eisenbahn-Geschütze aus dem „Sofort-Programm“.

24 cm THEODOR BRUNO K (E)

Gew.: 94000 kg RL: 8400 mm S/h: 15 SW: 10000—20200 m

Ähnlich: 24 cm Theodor K (E)

Besondere Merkmale: Profilgängiges Eisenbahngeschütz auf zwei vierachsigen Drehgestellen, ausgerüstet mit Rohr und Wiege der 24 cm S.K. L/35, einer Schiffskanone aus dem ersten Weltkrieg. Mantelrohr mit freitragendem Seelenrohr, zweiteilige Wiege, 2 hydraulische Rohrrücklaufbremsen und 1 Vorholer. Feine Seitenrichtung 1° durch seitliche Verschiebung der Lafette auf dem hinteren Drehgestell. Grobe Richtung von Schießkurve oder Drehscheibe. Eine fast gleiche Eisenbahnlafette wurde auch mit dem etwas längeren Rohr samt Wiege der 24 cm S.K. L/40 ausgerüstet. (Gew.: 95000 kg, RL: 9550 mm, S/h: 15, SW: 26750 m).

Verwendung: „Theodor" 1936 bis 1937 drei Stück, „Theodor Bruno", 1937 bis 1939 sechs Stück bei Krupp hergestellt. Febr. 1941 waren beim Feldheer vorhanden: Batterie 664 und 674 mit je zwei 24 cm Kanonen „Th." und Batterie 722 mit zwei 24 cm Kanonen „Th. B.". Einsatz als Heeresartilleriegeschütz in Schwerpunkten und zur Küstenverteidigung.

Beurteilung: Mit Rücksicht auf die Höhe des Rückstoßdruckes war das Schießen von einer Rundum-Lafette wie bei den Kalibern bis 20 cm nicht mehr möglich. Zum Einsatz mußten also vorhandene Gleiskurven erkundet oder Drehscheiben verwendet werden. Wegen der relativ geringen Schußweite mußte die Gegenwirkung schwerer Flachfeuergeschütze (mot.) in Kauf genommen werden.

28 cm KURZE BRUNO K (E)

Gew.: 129000 kg RL: 11200 mm S/h: 10 SW: 14300—29500 m

Ähnlich: 28 cm Lange Bruno K (E)
(Gew.: 123000 kg, RL: 12735 mm, S/h: 10, SW: 36100 m)
28 cm Schwere Bruno K (E)
(Gew.: 118000 kg, RL: 11930 mm, S/h: 10, SW: 35700 m)

Besondere Merkmale: Profilgängiges Eisenbahngeschütz auf zwei fünfachsigen Drehgestellen, ausgerüstet mit Rohr und Wiege der 28 cm S.K. L/40 (bei der „Langen Bruno" der 28 cm S.K. L/45 und bei der „Schweren Bruno" der 28 cm S.K. L/42). Rohrkonstruktion: Seelen- und Mantelrohr, Wiege ausgestattet mit 2 hydraulischen Rohrrücklaufbremsen und 1 hydropneumatischen Vorholer. Abnehmbares Verschlußstück mit nach rechts öffnendem waagrechtem Gleitverschluß. Feine Seitenrichtung (1°) von Hand. Schießmöglichkeit von Gleiskurve oder Drehscheibe. Zwei weitere Geschütztypen auf gleicher Lafette.

Verwendung: In den Jahren 1936 bis 1938 wurden bei Krupp entwickelt und gebaut: 8 Stück „Kurze Bruno", 3 Stück „Lange Bruno" und 2 Stück „Schwere Bruno". Einsatz wie bei Eisenbahngeschützen allgemein üblich. Lt. Kriegsgliederung Febr. 1941 waren beim Feldheer vorhanden: Batterie 688 mit zwei 28 cm Kanonen „lg. B.", Batterie 689 mit zwei 28 cm Kanonen „s. B.", Batterie 690, 694, 695 und 696 mit je zwei 28 cm Kanonen „k. B.", sowie Batterie 721 mit zwei 28 cm Kanonen „k. B." (Beute). (s. a. 28 cm Neue Bruno K (E), 28 cm Kanone K 5 (E) und 20 cm Kanone K 12 (E).

Beurteilung: Die Verwendung der beschriebenen Marinerohre zur Ausrüstung von Eisenbahnlafetten hat immerhin die Bestände der deutschen Eisenbahnartillerie um insgesamt 13 Geschütze verstärkt. Der Aufwand an Material und Arbeit für 13 (gleichartige) Eisenbahnlafetten ist dadurch gerechtfertigt.

28 cm NEUE BRUNO K (E)

Gew.: 145000 kg RL: 16400 mm S/h: 8 SW: 46600 m

Besondere Merkmale: Profilgängiges Eisenbahngeschütz auf zwei fünfachsigen Drehgestellen. Neu entwickeltes Rohr mit Mantelrohr und unterteiltem auswechselbarem Seelenrohr. Höhenrichtung von Hand oder elektrisch, feine Seite (1°) nur von Hand. Munitionsaufzug von Hand oder elektrisch. Kompensation des Mündungsübergewichts durch 2 hydropneumatische Ausgleicher. Wiege ausgestattet mit 2 hydraulischen Rohrrücklaufbremsen und 1 hydropneumatischem Vorholer. Schießmöglichkeit von Gleiskurve oder Drehscheibe.

Verwendung: 1938 forderte das Heereswaffenamt für die 28 cm Eisenbahngeschütze Steigerung der Schußweiten bis 1939. Nach Feststellung der Firma Krupp war die Einhaltung der gestellten Fertigungsfrist nicht möglich, da die Schußweitensteigerung die Entwicklung eines neuen Rohres erforderlich machte. In der Zeit von Ende 1940 bis Anfang 1942 wurden dann insgesamt 3 Geschütze abgeliefert. Im Hinblick auf die inzwischen fortgeschrittene Entwicklung der K 5 mit ihrer noch wesentlich größeren Schußweite wurde die weitere Fertigung eingestellt. Verwendung im Einsatz wie allgemein bei Eisenbahngeschützen.

Beurteilung: Die „Neue Bruno" stellt das Übergangsglied zwischen dem „Sofort-Programm" von 1936 (auf schnellste Verfügbarmachung von Eisenbahngeschützen) und der systematischen Entwicklung moderner Eisenbahngeschütze dar. Hierin und in den bei ihrer Entwicklung gewonnenen Erfahrungen in der konstruktiven Beherrschung hoher Rohrdrücke liegt ihre Bedeutung.

28 cm K 5 (E)

Gew.: 218000 kg RL: 21539 mm S/h: 8 SW: 62000 m

Besondere Merkmale: Profilgängiges Eisenbahngeschütz auf zwei sechsachsigen Drehgestellen mit modernem 28 cm Rohr in mehreren Varianten, nämlich als „K 5 Tiefzug 10 mm", als „K 5 Tiefzug 7 mm", als „K 5 Vielzug" (VZ) mit konischer Bohrung und als „K 5 Glatt" mit glattem Rohr von 31 cm Kaliber. Die Zugänderungen wurden im Laufe der Entwicklung durch das Auftreten von Rohrbrüchen veranlaßt. Rohrkonstruktion: Mantelrohr und ausziehbares Seelenrohr, Spezialwiege mit Verlängerungs-Kragträger (nach vorn) zur Aufnahme der Rohrlast, mit 2 Rohrrücklaufzylindern und 1 hydropneumatischen Vorholer. Feine Seitenrichtung (1°) durch Verschieben der Lafette auf dem vorderen Drehgestell (mit elektrischem Antrieb). Von besonderer Wichtigkeit ist das Mitführen einer Drehscheibe (für grobe Seitenrichtung) als ständiges Geschützzubehör. Hierzu war die 1geschützige Batterie mit 2 Eisenbahnzügen ausgestattet. Der 1. Zug mit Diesel-Lok (Gewicht 40 t, Fahrgeschwindigkeit bis 60 km/h) beförderte das Geschütz, die Mannschaftswagen und die Ausrüstungs- und Munitionswagen. Der 2. Zug beförderte neben weiteren Munitionswagen (Ausstattung 113 Schuß) die Drehscheibe (Durchmesser 29464 mm), zerlegt in den (mittleren) Antriebsteil und in das Kreisgleis in 16 Segmenten, dazu den Aufbaukran. Lebensdauer der Rohre 240 bis 550 Schuß. Zur Munitionierung diente ein dieselgetriebener Spezial-Eisenbahnwagen.
Zur Erhöhung der Schußweite wurden a) ein flügelstabilisiertes unterkalibriges Geschoß, welches mit dem 31 cm Rohr der „K 5 Glatt" eine Schußweite von ca. 160000 m erreichte und b) ein normalkalibriges Geschoß mit Raketen-Zusatzantrieb entwickelt. Die Rakete zündete nach 19 sec Flugzeit.

Diese „R.Gr. 4331“ erreichte mit großer Ladung verschossen eine Schußweite von ca. 86500 m. Das unterkalibrige Geschoß wurde im Feldeinsatz verwendet.

Verwendung: Beginn der Entwicklung bei Krupp 1934, Probebeschuß des ersten Rohres 1936, bis 1940 wurden 8, bis Kriegsende 25 Ausrüstungen fertiggestellt. Das Geschütz war (neben der K 12) die Standardausrüstung der deutschen Eisenbahnartillerie. Febr. 1941 je 2 Kanonen bei Batterie 712, 713 und 765. Einsatz der „K 5“-Geräte wie allgemein bei Eisenbahnartillerie üblich.

Beurteilung: Die „K 5“ bildet einen bemerkenswerten Höhepunkt in der technischen Entwicklung der Eisenbahnartillerie. Im Jahre 1943 Forderung des Generalstabes, wegen der fortschreitenden Zerstörung der Gleisstrecken und Eisenbahnbrücken durch Luftangriffe das Geschütz unabhängig von der Schiene zu machen. Hierzu sollten je 2 Zugmaschinen mit Tiger-II-Fahrgestellen zwischen sich je eine der 3 Lasten (von maximal 130 t Gewicht), in die das Geschütz zu zerlegen war, befördern, nämlich Rohr, Lafette und Bodenplatte. Verschlußstück und Verschluß übernahm eine einzelne Zugmaschine (Tiger II). Umsetzen auf Straßentransport mittels hydraulischer Hebeeinrichtungen. Die Grundplatte war mit Auslegerstützen versehen und ermöglichte Rundumfeuer. Diese Entwicklung war bis Kriegsende nicht truppenreif.
Wenn auch die einzelnen Varianten bezüglich Rohr, Munition und Beweglichmachung nicht mehr alle bis Kriegsende zum Einsatz gekommen sind, so war das Geschütz doch die Hauptwaffe des schweren Flachfeuers des deutschen Feldheeres im zweiten Weltkrieg.

21 cm K 12 (E)

Gew.: 302000 kg RL: 33300 mm S/h: 6 SW: 45000—115000 m

Besondere Merkmale: Profilgängiges Eisenbahngeschütz mit größter Schußweite auf zwei fünfachsigen (vorn) und zwei vierachsigen Drehgestellen (hinten), die paarweise durch Längsträger verbunden sind. Rohrkonstruktion: Seelenrohr und zweiteiliges Mantelrohr. Rohrrücklauf mit 2 hydraulischen Bremsen und 1 hydropneumatischen Vorholer, Lafettenrücklauf mit je 1 hydraulischen Bremse und 1 hydropneumatischen Vorholer auf den beiden Doppeldrehgestell-Einheiten. Rohr wegen der extremen Länge durch besondere Abspannung gestützt. Zur Gewinnung der nötigen Bodenfreiheit für den Rohrrücklauf wird die Wiege zum Schuß um 1 m hydraulisch angehoben. Schießmöglichkeit von Schießkurve oder Drehscheibe. Lebensdauer der Rohre 100 bis 150 Schuß.

Verwendung: 1934 Beginn der Entwicklung bei Krupp in Anlehnung an die „Paris-Kanone "des ersten Weltkrieges. Modellversuch mit Kaliber 10,5 cm („K 12 M"). Das erste gefertigte Geschütz („K 12 V") zeigte nur geringe Abweichungen von dem zweiten („K 12 N"), das als Normalform gedacht war. 1937 Probebeschuß des ersten vollkalibrigen Rohres, 1940 Einführung bei der Truppe. 1941 ein Geschütz bei Batterie 701. Weitere Geräte nicht gefertigt. Im Einsatz Sonderverwendung entsprechend der extremen Schußweite.

Beurteilung: Die Weiterentwicklung der „Paris-Kanone", die im ersten Weltkrieg gemäß dem damaligen Stand der Luftwaffe ihre Aufgabe gehabt hat, war im zweiten Weltkrieg taktisch überholt. Die „Beunruhigung des Hinterlandes" war Aufgabe der Luftwaffe geworden. Die Entwicklung der „K 12" war eine Verschwendung von Material und Arbeit. Dagegen war sie als Gegenstand der ballistischen und konstruktiven Forschung gerechtfertigt.

38 cm SIEGFRIED K (E)

Gew.: 294000 kg RL: 19630 mm S/h: 10 SW: 55700 m

Ähnlich: 40 cm Adolf K (E)
(Gew.: 323000 kg, RL: ca. 20300 mm, S/h: ca. 8, SW: 45000 m).

Besondere Merkmale: Profilgängiges Eisenbahngeschütz auf zwei achtachsigen Drehgestellen zum Verschuß besonders schwerer Geschosse auf erhebliche Entfernungen. Zwecks Verkürzung der Entwicklungs- und Bauzeit Verwendung des Rohres der 38 cm S.K. C/34. Umstellung der Munition für größere Schußweite. Rohrkonstruktion: 4teiliges Mantelrohr und 2teiliges Seelenrohr. Wiege ausgerüstet mit 2 hydraulischen Rücklaufbremsen und 1 hydropneumatischen Vorholer. In Fahrstellung wird das Rohr mittels elektrisch betriebener Ölpumpe ca. 6 m zurückgezogen. Höhenrichtung elektrisch, Seitenrichtung ausschließlich durch Verfahren des Geschützes auf einer Schießkurve (wozu je 2 Achsen der beiden Drehgestelle elektrisch angetrieben sind) oder mittels transportabler Drehscheibe. Kurvengängigkeit der (überlangen) achtachsigen Drehgestelle wird durch seitliches Spiel einiger Achsen erreicht. — Für die 40 cm Adolf K (E) gilt das Vorgesagte sinngemäß (Rohr der 40 cm S.K. C/34).

Verwendung: 1938 Entschluß des OKH, auf schwerere Kaliber überzugehen und Beginn der Entwicklung bei Krupp. 1939 Auftrag auf 8 Geschütze, 1943 Fertigstellung des ersten, dem bis Kriegsende 2 weitere folgen. (Angeblich waren auch einige Stücke der Adolf-Kanone im Kriege eingesetzt.) Verwendung bei Heeresartillerie wie allgemein bei Eisenbahngeschützen.

Beurteilung: Die Konstruktion bringt außer Einzelheiten beim Fahrgestell nichts wesentlich Neues. Die Verwendung auch der schwersten Marinerohre für das Heer ergab sich als Folge der Entwicklung im Seekrieg.

80 cm KANONE (E) „DORA"
(früher „D" oder „GUSTAV")

Gew.: 1350000 kg RL: 32480 mm S/h: 3 SW: 47000 m

Besondere Merkmale: Rohr und Oberlafette wurden zum Transport in 5 Lasten, nämlich Verschlußstück, Seelenrohr, Mantelrohr, Wiege und Schildzapfen mit Schildzapfenlagern auf Spezial-E-Wagen verteilt. Für die Feuerstellung wurden 2 Normalgleise parallel verlegt, dazu beidseitig je 1 Gleis für die beiden Hilfskrane. Zum Aufbau des Geschützes wurden zunächst die rechte und linke Hälfte der Unterlafette, die jeweils als 20achsige Spezial-E-Fahrzeuge ausgebildet waren, eingefahren. Nachdem die beiden Hälften durch Querstücke zu einer 2gleisigen Fahreinheit (mit 40 Achsen) verbunden waren, wurden mittels der Hilfskrane Schildzapfenlager und Wiege (nach Anbringung der Schildzapfen) aufgesetzt. Dann wurde das Mantelrohr in die Wiege eingebracht. Schließlich wurde das 2teilige Seelenrohr mit Schraubverschluß zusammengekuppelt und von hinten in das Mantelrohr eingefahren. Die Anbringung der Plattformen und Laufstege, der Leitern, der beiden Munitionsaufzüge und des übrigen Zubehörs vollendete den Aufbau.
Die beschriebene Aufbau-Doppelgleisanlage wurde nach vorwärts als Schießkurve verlängert. Grobe und feine Seitenrichtung wurden durch Verschieben des Geschützes mit 2 Diesellokomotiven genommen. Verschlußbewegung und Ansetzen des Geschosses erfolgten hydraulisch, die Munitionsaufzüge wurden elektrisch betrieben. Zur Erreichung der notwendigen Treffgenauigkeit wurde bei jedem Schuß die V_0 gemessen und die nächste Ladung entsprechend laboriert.

Verwendung: Im Jahre 1937 begann Krupp auf Anordnung des OKH die Entwicklung. Anfang 1942 war das erste Gerät auf dem Versuchsschießplatz Rügenwalde feldeinsatzbereit. Der Leistung des Geschützes wirklich angemessene Ziele, etwa die Festungswerke der Maginotlinie oder vielleicht die Festung Gibraltar, kamen zu diesem Zeitpunkt nicht mehr in Frage. So erlebte das Geschütz seinen ersten und einzigen Feldeinsatz beim Angriff auf die Festung Sewastopol. Die Ziele wurden der Art.Abt. „Dora" unmittelbar durch das OKH zugewiesen. Dabei handelte es sich jedoch nur ausnahmsweise um moderne Panzerforts, wie etwa „Maxim Gorki", meist um Befestigungsanlagen älterer Bauart. Nach geglückter Niederkämpfung der Festung wurde das Geschütz in den Raum Leningrad verlegt, kam aber dort nicht mehr zum Schuß. Zwei weitere, später fertiggestellte Geräte wurden nicht mehr eingesetzt.

Beurteilung: Spezial-Eisenbahngeschütz zur Niederkämpfung stärkster Befestigungswerke mit überschweren Geschossen von sonst unerreichter Durchschlagskraft auf beträchtliche Entfernung. Die hierzu nötigen Ausmaße und Gewichte erforderten ungewöhnlich aufwendige konstruktive Maßnahmen. Der rüstungswirtschaftliche Aufwand zur Schaffung eines solchen Super-Geschützes war im Vergleich zum praktischen Erfolg unverhältnismäßig groß. Das gleiche gilt vom Personalbedarf von mehreren tausend Mann beim Einsatz, bei denen es sich allerdings z. T. um Arbeitseinheiten handelte. Auch die zusätzliche Belastung der Eisenbahntransportmittel durch die 3 „Dora"-Sonderzüge für die 7 Geschützlasten, die Spezial-Gleisanlage, die Munition, das Zubehör und das Personal und 3 bis 4 weitere Bauzüge überschritt fast ein erträgliches Maß.
So muß das Geschütz „Dora" am taktischen Erfolg gemessen als verfehlt beurteilt werden, jedenfalls zum Zeitpunkt seiner Fertigstellung. Als waffentechnische Spitzenleistung der deutschen Rüstungswirtschaft verdient das Geschütz jedoch volle Anerkennung. Es hat die — waffentechnisch — in die Konstruktion gesetzten Erwartungen erfüllt.

80 cm KANONE (E) ,,DORA" in Feuerstellung

Die 7,1 t schwere Panzergranate und Kartusche der 80 cm KANONE (E) „DORA“, die größte Artilleriegranate der Welt

Modell	15 cm K (E)	17 cm K (E)	20 cm K (E)
Kaliber mm	149,1	172,6	203
Rohrlänge mm	5690	6900	12150
Seelenrohrlänge mm	5571	.	11587
Länge des gezogenen Teiles mm	4315	4991,5	9527
Züge Zahl	44	.	64
Züge Tiefe mm	1,5	.	.
Züge Breite mm	7,15	.	.
Felderbreite mm	3,5	.	.
Drall, Art	zunehm. R.	zunehm. R.	zunehm. R.
Drall, Winkel °	4—7	4—6	4—5
Verbrennungsraum Länge mm	1101	1238,5	1873
Verbrennungsraum Inhalt Liter	21	31,7	70
Rohrrücklauf max. mm	620	360	650
Rohrrücklauf min. mm	590	340	620
Lafettenrücklauf mm	—	—	—
Richtmittel Höhe	Handrad	Handrad	Handrad
Richtmittel Seite	Handrad	Handrad	Handrad
Erhöhung °	10—45	10—45	10—47
Schwenkbereich °	360	360	360
Feuerhöhe über Schiene mm	3200	3250	3000
Gewicht des Rohres kg	5800	10750	20700
Gewicht des Fahrzeuges kg	53400	.	.
Gesamtgewicht in Feuerstellung kg	74000	80000	86100
Gesamtgewicht in Fahrstellung kg	ca. 73200	ca. 79800	ca. 85600
Zahl der Achsen	2×3	2×3	2×4
Achsdruck kg	12800	ca. 13300	10800
Länge über alles mm	20100	20100	18445
Gebrauchsgasdruck at	3150	3100	3200
Mündungswucht m/t	1420	2370	5320
V_0 max. m/s	805	875	925
Schußweite max. m	22500	26800	36400
Schußweite min. m	11300	13350	13700
Feuergeschwindigkeit S/h	80	60	30
Geschoß-Art	Spr.Gr. u. Be.	Spr. Gr.	Spr. Gr.
Geschoß-Gewicht kg	43	62,7	112/122
Zahl der Ladungen	3	.	.

Modell	24 cm K (E) Theod. Bruno	24 cm K (E) Theodor	28 cm K (E) kz. Bruno
Kaliber mm	238	238	283
Rohrlänge mm	8400	9550	11200
Seelenrohrlänge	7800	8900	.
Länge des gezogenen Teiles mm	6300	7264	8437
Züge Zahl	.	.	.
Züge Tiefe mm	.	.	.
Züge Breite mm	.	.	.
Felderbreite mm	.	.	.
Drall, Art	.	zunehm. R.	zunehm. R.
Drall, Winkel °	.	3°35′—7°9′	4—6
Verbrennungsraum Länge mm	1262,8	1467	1874,5
Verbrennungsraum Inhalt Liter	65,82	72,2	124,8
Rohrrücklauf max. mm	1000	660	750
Rohrrücklauf min. mm	760	530	690
Lebensdauer Rohr	1300	1000	850
Richtmittel Höhe	.	.	.
Richtmittel Seite	.	.	.
Erhöhung °	10—45	10—45	10—45
Schwenkbereich °	1 (360)	1 (360)	1 (360)
Feuerhöhe (Fahrstellung) mm	2880	2880	3400
Gewicht des Rohres kg	24000	24040	45500
Gewicht des Fahrzeuges kg	.	.	.
Gesamtgewicht in Feuerstellung kg	95000	94000	129000
Gesamtgewicht in Fahrstellung kg	.	.	.
Zahl der Achsen	2×4	2×4	2×5
Achsdruck kg	11800	11700	12900
Länge über alles mm	20700	18450	22800
Gebrauchsgasdruck at	2600	2900	3000
Mündungswucht m/t	3450	4966	8220
V_0 max. m/s	675	810	820
Schußweite max. m	20200	26750	29500
Schußweite min. m	10000	1370	14300
Feuergeschwindigkeit S/h	15	15	10
Geschoß-Art	Spr. Gr.	Spr. Gr.	Spr. Gr.
Geschoß-Gewicht kg	150	148,5	240
Zahl der Ladungen	1	2	1

Modell	28 cm K (E) Lg. Bruno	28 cm K (E) Schw. Bruno	38 cm K (E) Siegfried	40 cm K (E) Adolf
Kaliber mm	283	283	380	406
Rohrlänge mm	12735	11930	19630	ca. 20300
Seelenrohrlänge mm	11890	11084	18405	.
Länge des gezogenen Teiles mm	9698	8892	15748	.
Züge Zahl	.	.	90	.
Züge Tiefe mm	.	.	4,5	.
Züge Breite mm	.	.	7,5	.
Felderbreite mm	.	.	5,7	.
Drall, Art	zunehm. R.	zunehm. R.	zunehm. R.	.
Drall, Winkel °	4—6	4—6	ca. 5—6	.
Verbrennungsraum Länge mm	2192	2192	2479	.
Verbrennungsraum Inhalt Liter	150	150	361,7	.
Rohrrücklauf max. mm	900	750	1100	.
Rohrrücklauf min. mm	860	700	1050	.
Lafettenrücklauf mm	400	—	1500	.
Richtmittel Höhe	.	.	elektr.	elektr.
Richtmittel Seite	.	.	elektr.	elektr.
Erhöhung °	10—40	10—45	ca. 10—46	bis 40
Schwenkbereich °	1 (360)	1	360	360
Feuerhöhe (auf Bettung) mm	3645	4100	.	.
Gewicht der Waffe kg	40000	40850	105000	.
Gewicht des Fahrzeugs kg	ca. 80000	.	ca. 180000	.
Gesamtgewicht in Feuerstellung kg	123000	118000	294000	323000
Gesamtgewicht in Fahrstellung kg	ca. 120000	ca. 113000	ca. 285000	.
Zahl der Achsen	2×5	2×5	2×8	.
Achsdruck kg	14100	13000	ca. 17800	.
Länge über alles mm	22800	22800	31320	ca. 29300
Gebrauchsgasdruck at	2900	3000	3200	.
Mündungswucht m/t	11100	10700	27810	.
V_0 max. m/s	875	860	1050	850
Schußweite max. m	36100	37800	55700	45000
Schußweite min. m	16800	16800	.	.
Feuergeschwindigkeit S/h	ca. 10	ca. 10	ca. 10	ca. 8
Geschoß-Art	Spr.Gr.	Spr.Gr.	Spr.Gr.	Spr.Gr. u. Be
Geschoß-Gewicht kg	284	284	495	960
Zahl der Ladungen	1	1	2	

Modell	28 cm K (E) Neue Bruno	28 cm K 5 (E)	21 cm K 12 (E) (N)
Kaliber mm	283	283	211
Rohrlänge mm	16400	21539	33300
Seelenrohrlänge mm	15247	20548	32112
Länge des gezogenen Teiles mm	12401	17397	27724
Züge Zahl	80	12	
Züge Tiefe mm	.	6,75	9
Züge Breite mm	.	15,88	14,5
Felderbreite mm	.	.	68,4
Drall, Art	zunehm. R.	gleichbl. R.	gleichbl. R.
Drall, Winkel °	3°59′—5°7′	5 ½	5°48′
Verbrennungsraum Länge mm	2860	2925	4318
Verbrennungsraum Inhalt Liter	229,7	240	343
Rohrrücklauf max. mm	1050	1150	750
Rohrrücklauf min. mm	1010	1100	700
Lafettenrücklauf mm	—	—	980
Richtmittel Höhe	.	elektr.	elektr.
Richtmittel Seite	.	elektr.	elektr.
Erhöhung °	bis 50	bis 50	25—55
Schwenkbereich °	1	1	360
Feuerhöhe mm	3580	3500	ca. 3420
Gewicht der Waffe kg	55260	.	99708
Gewicht des Fahrzeuges kg	ca. 90000	.	.
Gesamtgewicht in Feuerstellung kg	150000	218000	302000
Gesamtgewicht in Fahrstellung kg	ca. 145260	209550	.
Zahl der Achsen	2×5	2×6	2×5+2×4
Achsdruck	16100	17300	17700
Länge über alles mm	22800	31100	41360
Gebrauchsgasdruck at	3200	3200	4000
Mündungswucht m/t	13400	16300	14460
V_0 max. m/s	955	1120	1625
Schußweite max. m	46600	59000	115000
Schußweite min. m	.	.	45000
Feuergeschwindigkeit S/h	ca. 20	ca. 15	ca. 6
Geschoß-Art	Spr. Gr.	Spr. Gr.	Spr. Gr.
Geschoß-Gewicht kg	255	255	107,5
Zahl der Ladungen	2	2	

Modell	80 cm Kanone (E) „Dora“
Kaliber cm	80
Rohrlänge gesamt mm	32480
Seelenrohrlänge mm	28957
Drall	1. Hälfte konisch 2. Hälfte zylindrisch
Zahl der Züge	90
Zugtiefe mm	10/7
Seitenrichtung °	0
Erhöhung, größte °	53
Feuergeschwindigkeit S/h	3
Geschütz in Feuerstellung, Länge mm	42976
Geschütz in Feuerstellung, Breite mm	7010
Geschütz in Feuerstellung, Höhe mm	11600
Geschütz in Feuerstellung, Gewicht t	1350
Zahl der Drehgestelle	8
Zahl der Achsen je Drehgestell	5
Achsdruck in Feuerstellung t	33,75
Stärke der Diesellok PS	2×1000
Schienenzahl der Schießkurve	4
Kopfzahl der 1geschützigen Art. Abt.	500
Kopfzahl beim Bau der Feuerstellung	4000—5000
Zeit für Bau der Feuerstellung Wochen	4—6
Rohrgewicht (mit Verschluß) t	400
Rohrkonstruktion	Mantel- u. 2teiliges Seelenrohr
Lebensdauer des Rohres Schuß	ca. 100
Zahl der Rücklaufzylinder	4
V_0 kleine Ladung m/s	ca. 600
V_0 mittlere Ladung m/s	700
V_0 große Ladung (für Sprenggranate) m/s	820
V_0 große Ladung (für Be-Granate) m/s	720
Schußweite max. bei kleiner Ladung m	28000
Kammerdruck bei kleiner Ladung at	2000—2300
Schußweite max. bei großer Ladung m	47000

Modell		80 cm Kanone (E)
V_0-Streuung, max. %		1
Zahl der Ladungen		3
Zahl der Geschützlasten (auf E-Wagen)		5
Gewicht der Einzellast, max. (auf E-Wagen) t		ca. 700
Panzergranate:	Gewicht t	7,1
	Länge ohne Haube mm	2400
	Länge der Haube mm	1530
	Zünder	Bodenzünder
	Schußweite, max. km	38
	Gewicht der Sprengladung kg	250
	Gewicht der Sprengladung %	3,5
Sprenggranate:	Gewicht t	4,8
	Länge ohne Haube mm	3000
	Länge der Haube mm	2400
	Zünder	Kopfzünder
	Schußweite, max. km	47
	Gewicht der Sprengladung kg	700
	Gewicht der Sprengladung %	14,6
Treibladung:	Gewicht für Panzergranate kg	1850
	Gewicht für Sprenggranate kg	2000
	Pulverart	Gu. R. P.-G 5
	Röhrenlänge mm	800
	Röhrenquerschnitt mm	24/12
	Zündung	elektrisch
	Zündschraube	C/12 n. A.
	Länge der Hauptkartusche mm	1300
	Länge jeder Vorkartusche mm	1560
Durchschlagsleistung auf Stahl mm		1000
Durchschlagsleistung auf Eisenbeton mm		8000
Eindringtiefe in gewachsenen Boden m		ca. 32

Flugabwehrkanonen

M. G. 151/20 in Drillingslafette
(Bild oben auf Schützenpanzerwagen Sd.Kfz. 251/21)

Ähnlich: M. G. 151/15 in Drillingslafette

Besondere Merkmale: Gegen Kriegsende mangelte es immer mehr an leichten Flakwaffen, und so wurden Fliegerbordwaffen als Flakgeschütze in den verschiedensten Lafettenbauarten eingesetzt. So auch die 20 mm Bordwaffe. Sie wurden meist in behelfsmäßigen Drillingslafetten verwendet und ohne Seiten- und Höhenrichtmaschine frei gerichtet.

Verwendung: Auf Fliegerhorsten, auf Schnellbooten, im Heimatgebiet im Werksschutz, als Eisenbahntransportschutz und als Mehrzweckewaffe auf Schützenpanzerwagen. Bei Heeres-Fla Brigaden (motorisiert und teilmotorisiert).

Beurteilung: Als Behelf zur Verstärkung des Flakschutzes haben sie sich bewährt. Wirkung war wegen Fehlens der Richtmaschinen gering. Für direkten Objektschutz verwendbar, wo Feind unmittelbar anfliegen mußte und nicht im Vorbeiflug bekämpft werden sollte.

2 cm FLAK 30

Gew.: in Feuerstellung: 450 kg	S/min: 280, prakt.: 120	SW: 4800 m
in Fahrstellung: 770 kg	Zerlegergrenze: 2200 m	SH: 3700 m

Besondere Merkmale: Dreiecksbettung. Fahrbar auf einachsigem Sonderanhänger 51. Schutzschild mit 6 mm Stärke von 112 kg Gewicht war vorgesehen. Vollautomatischer Rückstoßlader mit Kipphebelverriegelung. Zerlegbar in 6 Traglasten.
Richtmittel: Flakvisier 35, Linealvisier 21 und Erdzielfernrohr 3×8.

Verwendung: Ab 1934 als Ersatz für das MG. C/30. Bei le. Flakbatterien, bei MG-Btl. (s.) des Heeres mit Nummern ab 31 aufwärts (ab 1938 M.G.Btl., s) und zum Nahschutz in le. Flaktrupps bei s. Flakbatterien. Auf Selbstfahrlafetten bei Panzergrenadieren und bei Flakabteilungen. Auch ortsfester Einbau zum Objektschutz auf Betonbettungen bei Festungs- und Küstenverteidigungsdivisionen und im Eisenbahntransportschutz. Ab 1939 ersetzt durch die 2 cm Flak 38.
Batterie/Flakompanie (Heer): 12 Geschütze, im Heimatkriegsgebiet 16 Geschütze, le. Flatrupps bei schw. Flakbatterien der Luftwaffe, des Heeres und der Waffen-SS: 2—4 Geschütze, Truppen-Fla-Züge: 3 Geschütze.
Mit Erdlafette bei Fallschirmtruppe, Luftwaffenfelddivisionen und Panzergrenadieren im Erdeinsatz.

Beurteilung: Leistungsfähige Waffe, vielseitig verwendbar. Seiten-, Höhenricht- und Feuergeschwindigkeit (S/min) unzureichend.

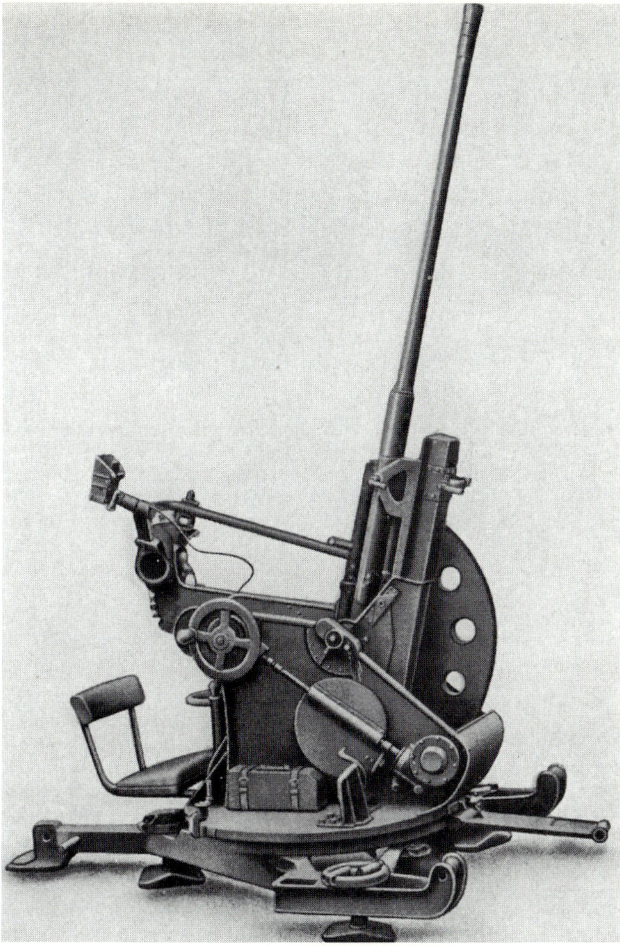

2 cm FLAK 30 mit Flakvisier 35

2 cm FLAK 38

Gew.: in Feuerstellung: 420 kg	S/min: 480; prakt.: 220	SW: 4800 m
in Fahrstellung: 750 kg	Zerlegergrenze: 2200 m	SH: 3700 m

Besondere Merkmale: Weiterentwicklung der 2 cm Flak 30. Gleiche ballistische Leistung bei gleicher Munition. Erhöhte Feuergeschwindigkeit. Rückstoßlader mit Zentralverriegelung. Dreiecksbettung. Schutzschild von 120 kg Gewicht war vorgesehen. Fahrbar auf einachsigem Sonderanhänger 51 oder Halbketten-Selbstfahrlafette oder gepanzerter Vollkettenselbstfahrlafette 38 (t) (Sd. Kfz. 140). Richtmittel: Flakvisier 38. Schwebedornvisier, Erdzielfernrohr 3×8.

Verwendung: Ab 1939 als Ersatz für das 2 cm Flak 30 Gerät eingesetzt. Im Jahre 1944 wurden monatlich 170 Geschütze ausgeliefert, absinkend bis Jahresende auf 100 Stück. Sd.Kfz. 140: 1943/44 162 Stk. Im August 1944 waren bei der Luftwaffe 17589 Geschütze mit 2 cm Kaliber (Typ 30 und 38) im Einsatz.

Beurteilung: Erhöhte Feuergeschwindigkeit. Verbesserte Seiten- und Höhenrichtgeschwindigkeit. Erheblich verbessertes Visier, das von der Truppe abgelehnt wurde, da in der Bedienung schwieriger. Wirkungsreichweite und Geschoßwirkung des Einzelschusses reichten bei erhöhter Fluggeschwindigkeit und -stabilität nicht mehr aus.

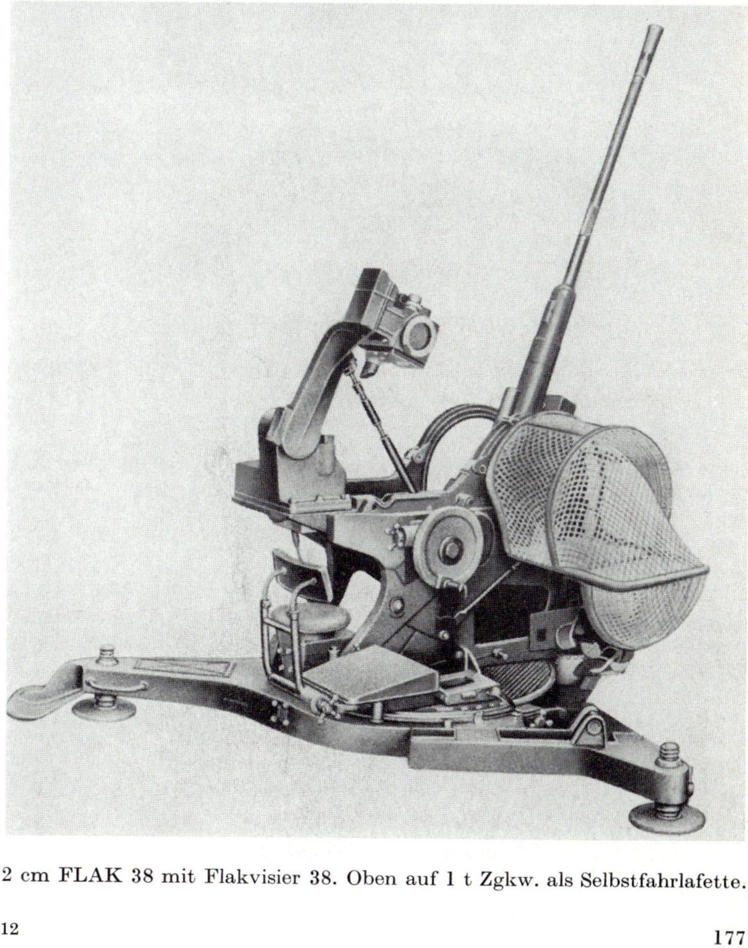

2 cm FLAK 38 mit Flakvisier 38. Oben auf 1 t Zgkw. als Selbstfahrlafette.

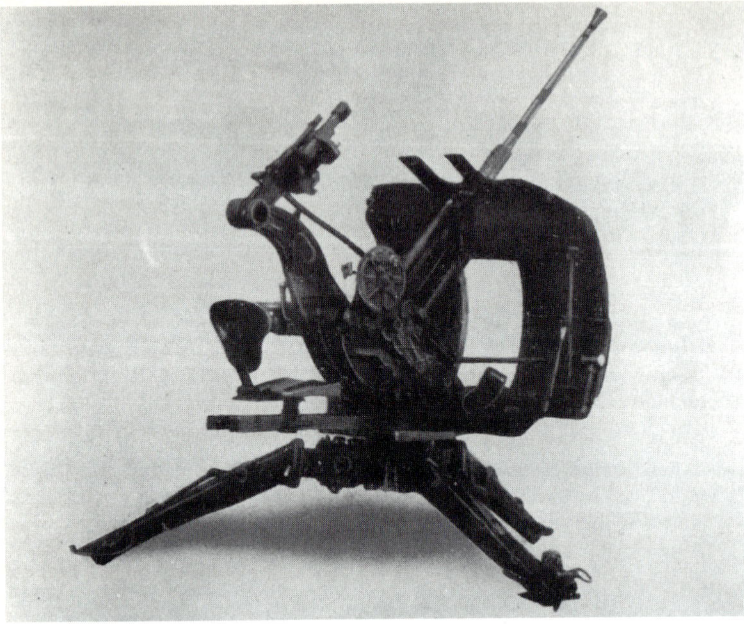

2 cm GEBIRGSFLAK 38

Gew.: in Feuerstellung: 276 kg	S/min: 480; prakt.: 220	SW: 4800 m
in Fahrstellung: 315 kg	Zerlegergrenze: 2200 m	SH: 3700 m

Besondere Merkmale: Als Gerät 239 wurde 1940/41 für Gebirgs- und Fallschirmtruppen eine Gebirgsflak mit 2 cm Kaliber entwickelt. Gasdrucklader mit kurzem, starr verriegeltem Verschluß. Leichtmetallafette mit Zerlegbarkeit in kleinste Einzellasten. Bei Erprobung nicht bewährt. Die O-Serie von 25 Stück wurde verschrottet.
Dann wurde für die normale 2 cm Flak 38 (Automat) eine Speziallafette in Blechprägokonstruktion gefertigt. Fester Schutzschild. Dreibeinlafette mit Ansteckrädern. Mannschaftszug. Einzellasten wogen je etwa 40 kg. Zerlegbar ohne jede Hilfsmittel. Ballistik und Munition wie 2 cm Flak 38. Visiere: Flakvisier 40, Linealvisier 21, Erdzielfernrohr 3×8.

Verwendung: Bei Fallschirmtruppe und bei Gebirgsdivisionen. Sonderfertigung in nur geringer Zahl. Kam erst 1944 zur Truppe. Monatlich wurden im Jahre 1944 etwa 15 Stück geliefert. Im August 1944 waren erst 43, im Februar 1945 dann 180 Geschütze im Einsatz.

Beurteilung: Leicht, beweglich, für die Sonderaufgaben bewährt. Die Standfestigkeit war gering, dadurch größere Streuung.

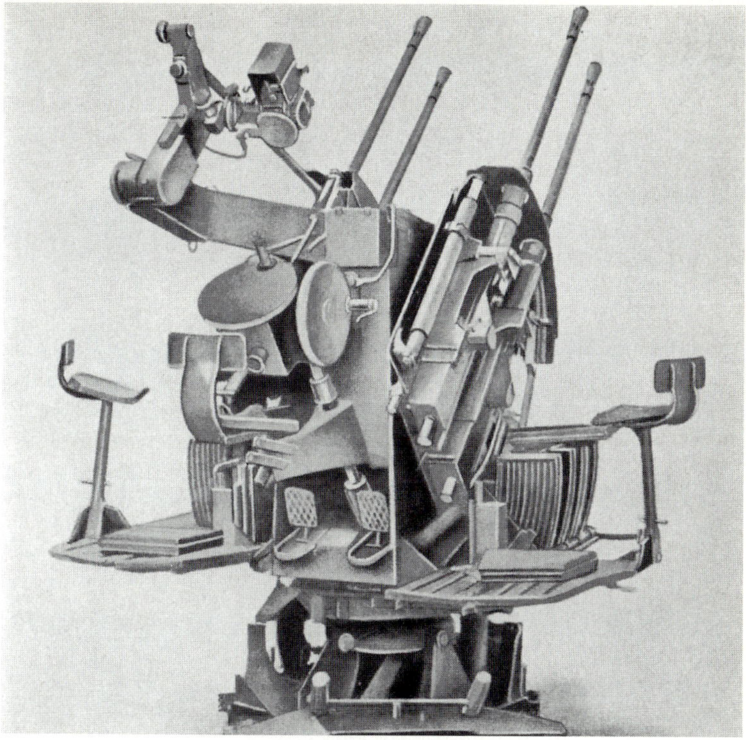

2 cm FLAKVIERLING 38

Gew.: in Feuerst.: 1514 kg	S/min: 1800; prakt.: 800	SW: 4800 m
in Fahrst.: 2212 kg	Zerlegergrenze: 2200 m	SH: 3700 m

Besondere Merkmale: Einzelwaffe wie 2 cm Flak 38. Vier Waffen waren auf einer Lafette zusammengefaßt. Dreiecksbettung. Fahrbar auf Sonderanhänger 52 (1-achsig) oder Halbketten-Selbstfahrlafette, sowie als Panzerflak auf Fahrgestell Pz.Kpfw. IV („Wirbelwind"). Visiere: Flakvisier 40, Linealvisier 21, Schwebekreisvisier 30/38 und Erdzielfernrohr 3×8.

Verwendung: Ursprünglich von der Marine für Schiffsbestückung bei Mauser entwickelt. Im Jahre 1940 von der Flakwaffe übernommen. Batterie (Heeres-Fla-Kompanie) 6 bis 9 Geschütze, dabei teilweise 1 Zug, 3,7 cm Flak. Vielfach auch im Eisenbahntransportschutz. (Mussolini-, Führerzug pp.) 1944 Auslieferung von monatlich 200 Geschützen bis auf 410 gesteigert. Bei der Luftwaffe, ohne Heer, Marine, Waffen-SS im August 1944: 3605, im Februar 1945: 3851 Geschütze.

Beurteilung: Sehr hohe Feuerkraft. Vom Feind gefürchtet. Mit Lichtspurmunition auch große moralische Wirkung.

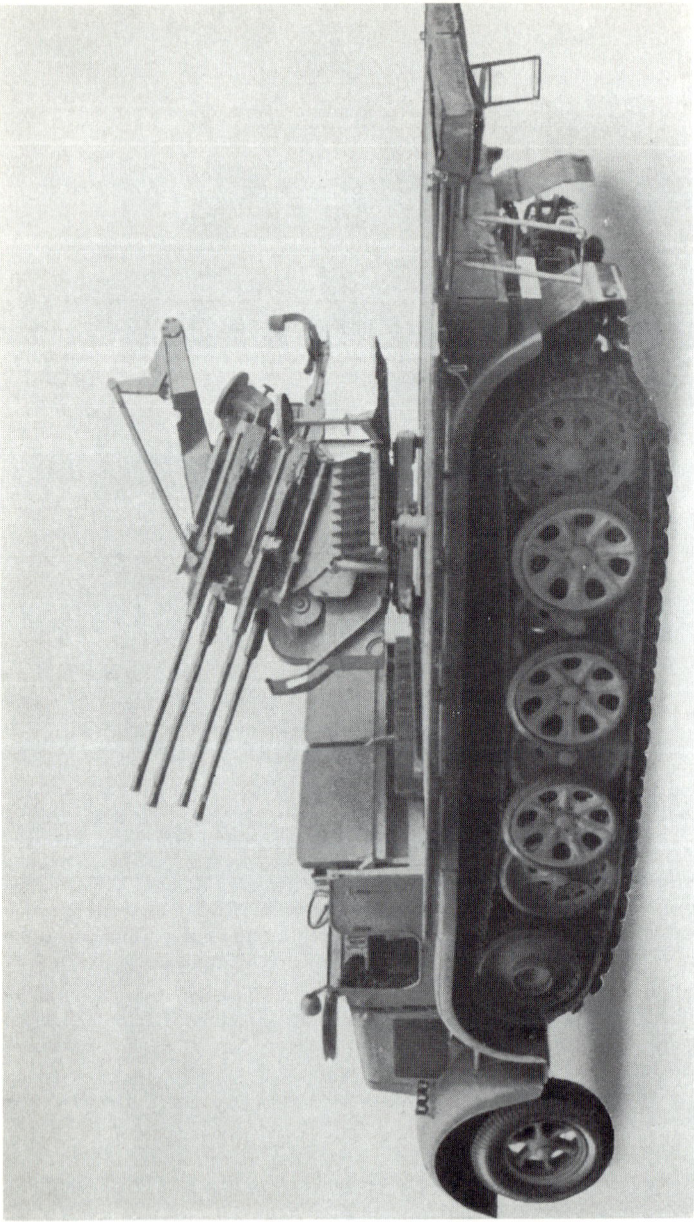

2 cm FLAKVIERLING 38 auf 5 t Zgkw. als Selbstfahrlafette

3 cm FLAK 103/38

Gew.: in Feuerstellung: 619 kg	S/min: 400; prakt.: 250	SW: 5730 m
in Fahrstellung: 879 kg	Zerlegergrenze: 1600 m	SH: 4700 m

Ähnlich: 3 cm Flakvierling 103/38

Besondere Merkmale: In 2 cm Lafetten behelfsmäßig eingebaute Flugzeugbordkanonen. Vollautomatischer Gasdrucklader mit Gurtzuführung. Hülsenauswurf nach unten. Starre Verriegelung. Verstärkte Mündungsbremse und Lafette. Als Zwilling in Flakpanzer-Prototyp „Kugelblitz". Zwilling mit gekoppeltem Zwilling 151/20 in Flakpanzer-Prototyp „Kleiner Kugelblitz". Vierling in Flakpanzer-Prototyp „Zerstörer 45". Einzelwaffe auf MTW Kfz. 70 als Selbstfahrlafette beweglich.

Verwendung: Gegen Kriegsende in geringer Zahl, bei Heeres-Flak, da nur wenig 2 cm Lafetten zur Verfügung standen.

Beurteilung: Leistungsfähige Waffen. Mündungslastig. Von Flakinspektion wurde Zwischenkaliber zwischen 2 und 3,7 cm grundsätzlich abgelehnt, da die Schußweitensteigerung gegenüber 2 cm gering war, insbes. weil die Truppe das Schwebekreisvisier mit Lichtspurbeobachtung bevorzugte. Die Wirkung des Einzeltreffers war ebenso unzulänglich wie die der 2 cm Granate. Massenfertigung der Geschütze, Ersatzteile und Munition war nicht gerechtfertigt. Dies wird unterstrichen, wenn man bedenkt, daß 1944 im Einsatz waren: 21194 Geschütze mit 2 cm Kaliber und 4767 Geschütze mit 3,7 cm Kaliber. Der Munitionsverbrauch war Ende 1944 monatlich 11628440 Schuß 2 cm, 1038470 Schuß 3,7 cm Munition. Die Umstellung hätte demnach erhebliche Bevorratungs- und Nachschubschwierigkeiten gemacht. Seit 1942 lief ein Entwicklungsauftrag der Marine auf eine 3 cm Flak bei Rheinmetall und Brünner Werken, der bis Kriegsende nicht zum Abschluß kam.

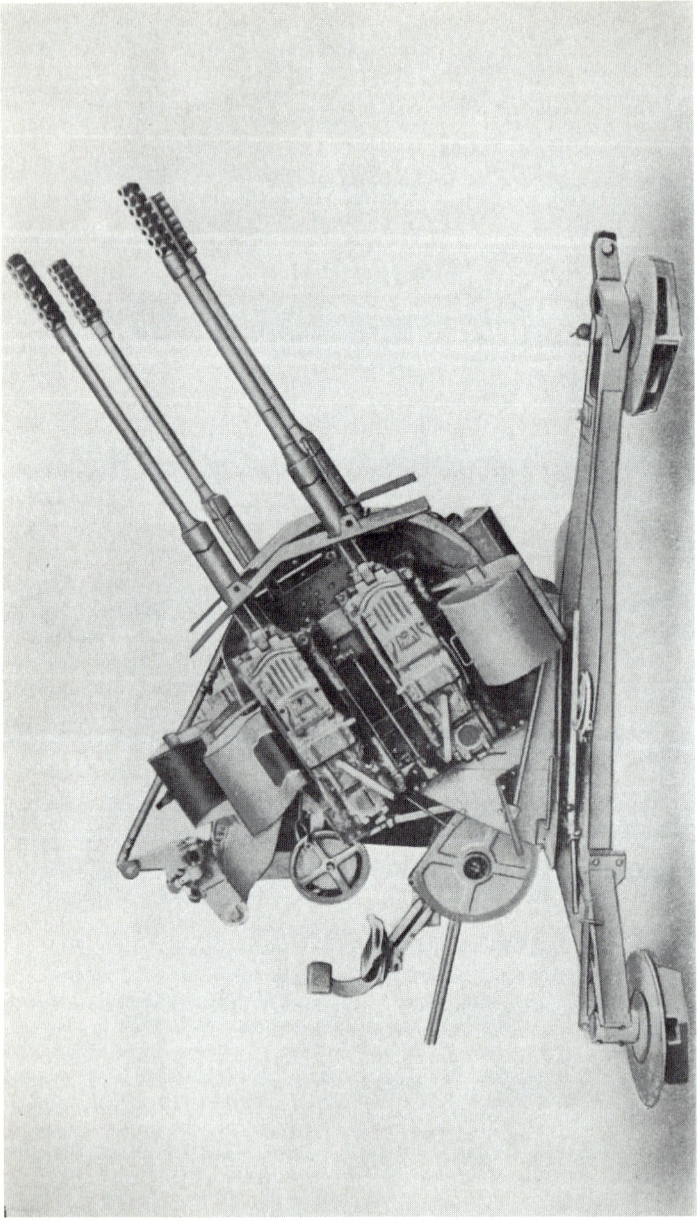

3 cm FLAKVIERLING 103/38

3,7 cm FLAK 18

Gew.: in Feuerstellung: 1750 kg	S/min: 160; prakt.: 80	SW: 6500 m
in Fahrstellung: 3560 kg	Zerlegergrenze: 3500 m	SH: 4800 m

Besondere Merkmale: Rückstoßlader mit zentral verriegeltem Verschluß. Kreuzlafette. Fahrbar auf dem Sonderanhänger 104 (2-achsig). Visiere: Flakvisier 33 und Erdzielfernrohr 3×8.

Verwendung: Seit 1930 entwickelt bei Rheinmetall. 1935 wurde die Truppe damit ausgerüstet. Eingesetzt bei leichten Flakabteilungen der Luftwaffe zur Abwehr von Flugzeugen bis in Höhen von etwa 1500 m. Batterie (Heeres-Fla-Kompanie): 3 Züge mit je 3 Geschützen; im Heimatkriegsgebiet im ortsfesten Einsatz auch 12 Geschütze. Ab 1936 nicht mehr gefertigt. Ersetzt durch die verbesserte 3,7 cm Flak 36. Die Waffe als solche war noch bis Kriegsende in der Truppe, jedoch auf der Lafette der 3,7 cm Flak 36.

Beurteilung: Die Waffe zeigte viele „Kinderkrankheiten". Sie war schwer beweglich und hatte zu geringe Feuergeschwindigkeit. Die Richtgeschwindigkeit der Seite nach war unzureichend. Das Instellunggehen mit dem 2-achsigen Fahrzeug war zu langwierig. Die Marschlänge der Batterien war ungebührlich groß. Ungünstige Feuerhöhe. Die Waffenfunktion zeigte viel Störungen, die teilweise auch in der unzureichenden Erfahrung der Truppe in der Behandlung einer solchen Waffe begründet lag. Alle diese Mängel sollte die Neukonstruktion beheben.

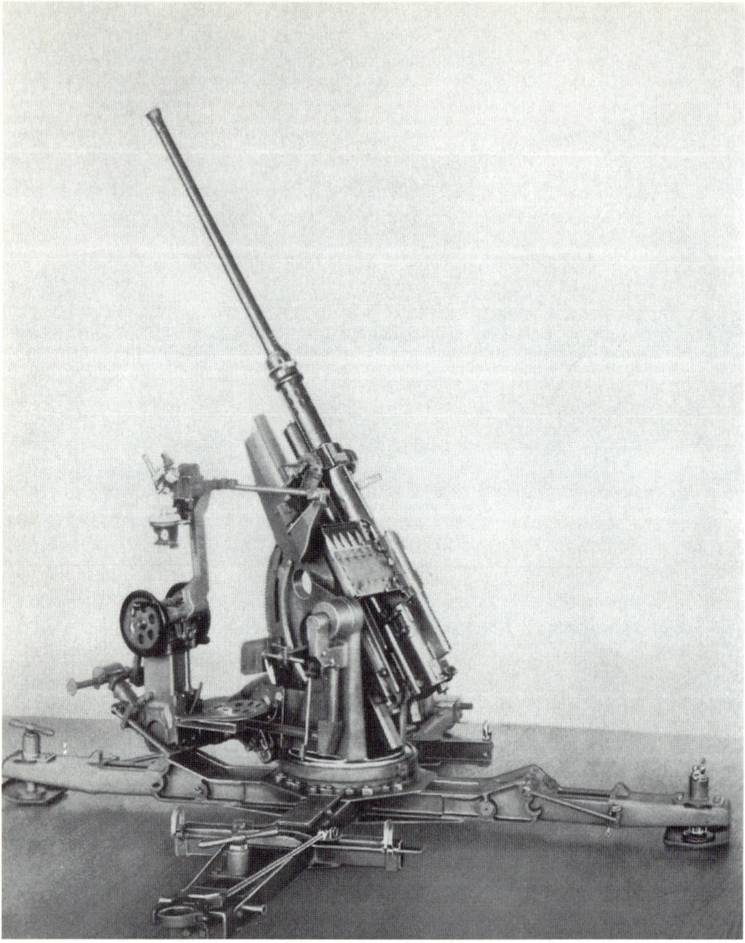

3,7 cm FLAK 18

3,7 cm FLAK 36

Gew.: in Feuerstellung: 1550 kg	S/min: 160; prakt.: 120	SW: 6500 m
in Fahrstellung: 2400 kg	Zerlegergrenze: 3500 m	SH: 4800 m

Ähnlich: 3,7 cm Flak 37

Besondere Merkmale: Ballistisch sind die Geschütze der Modelle 18, 36 und 37 vollkommen gleich. Die Waffe (Automat) war verbessert worden. Das Waffenprinzip war beibehalten. Dreiecksbettung. Fahrbar auf dem Sonderanhänger 52 (1achsig). Ab 1942 auch auf einem 6 t Zgkw. als Selbstfahrlafette, ab 1944 auf Fahrgestell Pz.Kpfw. IV als Flakpanzer „Ostwind". Die Geräte 36 u. 37 unterschieden sich hauptsächlich durch Verwendung verschiedener Visiere. Flakvisier 36 bei 36er Waffe, Flakvisier 37 bei 37er Waffe, später Flakvisier 40 (Uhrwerkvisier), Schwebedornvisier (mit Lichtspurbeobachtung) und Erdzielfernrohr 3×8. Nach Einführung der 3,7 cm Flak 43 wurde auch bei der 3,7 cm Flak 36 pp die Munition mit einem Eisenbandführungsring an Stelle von 2 Kupferbandführungsringen eingeführt. Dabei änderte sich die Rohrinneneinrichtung. In Rohren der Neufertigung, etwa ab Mitte 1943, konnte die Munition alter Art nicht verschossen werden, umgekehrt jedoch in den alten Rohren beide Geschoßarten.

Verwendung: Wie 3,7 cm Flak 18, ferner bei Heeres-Fla-Einheiten und Truppen-Fla-Zügen. Bis Kriegsende gefertigt. Nach Auslieferung der 3,7 cm Flak 43 sollte Fertigung auslaufen. 1944 wurden monatlich 162 Geschütze geliefert, absinkend auf 88 bis Ende des Jahres. Im August 1944 waren 4211 Geschütze bei der Luftwaffe im Fronteinsatz. Auch ortsfest auf Betonsockeln eingebaut verwendet.

Beurteilung: Verbesserung der Störanfälligkeit des bisherigen Geräts. Schnellere Feuerbereitschaft. Verbesserte Richtgeschwindigkeit. Schwierige Herstellung. Noch unzureichende Feuergeschwindigkeit.

3,7 cm FLAK 36. Oben auf Sonderanhänger 52, unten in Feuerstellung.

3,7 cm FLAK 36. Oben auf Sonderanhänger 52, unten auf 6 t Zgkw. als Selbstfahrlafette.

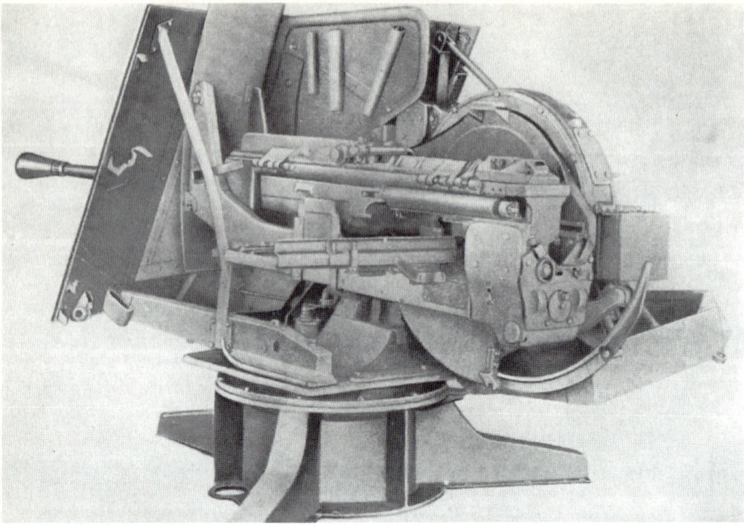

3,7 cm FLAK 43

Gew.: in Feuerstellung: 1250 kg	S/min: 250; prakt.: 180	SW: 6500 m
in Fahrstellung: 2000 kg	Zerlegergrenze: 3500 m	SH: 4800 m

Besondere Merkmale: Gasdrucklader mit festverriegeltem Verschluß und lafettenfester Zuführung. Lafette in Blechprägekonstruktion. Schutzschild fest mit Gerät verbunden. Fahrbar auf Sonderanhänger 58 (1achsig); auch auf Halbketten-Selbstfahrlafette auf gepanzertem SWS und Fahrgestell Pz.Kpfw. IV, sowie als Flakpanzer IV „OSTWIND“. Visiere: Uhrwerksvisier 43, Schwebedornvisier und Erdzielfernrohr 3×8. Ballistik wie beim alten Gerät.

Verwendung: 1942 neue Versuchsgeschütze. Modell von Rheinmetall-Borsig ging in die Massenanfertigung. Wie die bisherigen Geräte (einschl. bei Heeres-Fla-Truppe, Heeres-Flak und SS-Flak) meist in le. Flakbatterien zusammengefaßt. Ab Juli 1944 kamen etwa monatlich 180 Geschütze zur Lieferung, steigend auf 450 Geschütze bis Ende des Jahres 1944. Bis August 1944 waren 504, im Februar 1945 1032 Geschütze an der Front.

Beurteilung: Die Beibehaltung der ballistischen Leistung und Verwendung der bisherigen Munition war fehlerhaft. Man hätte mehr aus der Waffe herausholen können, wenn diese Forderung bei der Entwicklung aufgegeben worden wäre. Die laufende Munitionsherstellung stand dem entgegen. Bedeutend erhöhte Feuergeschwindigkeit. Vereinfachte Fertigung. Rohmaterial: 1500 kg gegenüber 5250 kg beim 36-Gerät; Herstellung in 1000 Arbeitsstunden gegenüber 4320 Stunden beim 36-Gerät. Die spanlose Fertigung wurde voll ausgekostet. Fabrikationstechnisch beachtliche Leistung.

3,7 cm FLAKZWILLING 43

Gew.: in Feuerstellung: 2500 kg	S/min: 500; prakt.: 350	SW: 6500 m
in Fahrstellung: 4850 kg	Zerlegergrenze: 3500 m	SH: 4800 m

Ähnlich: 3,7 cm Flakzwilling 44

Besondere Merkmale: Munition und Ballistik wie Einzelwaffe. Sonderanhänger 206 (2achsig). Gerät 44 mit nebeneinanderliegenden Rohren. Beide Geräte auch auf Fahrgestell Pz.Kpfw. IV („Ostwind" II) als Prototyp.

Verwendung: 1943 entwickelt. Innerhalb der 3,7 cm Batterien und Kompanien bei Luftwaffe, Heer und Waffen-SS; im allgemeinen als 1 Zug in der Batterie/Kompanie eingesetzt. 1944 monatlich 10, Ende 1944 monatlich 140 Geräte geliefert. Im August 1944 waren 52, im Februar 1945 390 Geräte im Einsatz.

Beurteilung: Bis Kriegsende lagen nur geringe Erfahrungen vor. Die Beibehaltung der alten Munition und Ballistik wirkte sich nachteilig aus. Verhältnismäßig schwerfällig, was aber durch die bessere Leistung einer Doppellafette etwa ausgeglichen wurde. Die Absicht des Ministeriums Speer, eine Vierlingslafette zu fertigen, wurde abgelehnt, da ein solches Gerät das Gewicht einer schweren Flak (8,8 cm Kaliber) erbracht hätte. Bei einer Reichweite von 3500 m war das nicht zu vertreten. Die Forderung nach einer auf 1000 m/sec gesteigerten und einer verbesserten Kadenz von 500 S/min wurde weiter aufrecht erhalten und führte im Dezember 1943 bei Rheinmetall zur Entwicklung des Geräts 341 (Flakpanzer V „COELIAN"). Die Entwicklung wurde bis Kriegsende nicht abgeschlossen.

5 cm FLAK 41

Gew.: in Feuerst.: 3100 kg	S/min: 130	SW: 12400 m
in Fahrst.: 5500 kg	Zerlegergrenze: kurz: 4000 m	SH: 9400 m
	lang: 6500 m	

Besondere Merkmale: Gasdrucklader, auf einer Dreieckslafette stehend. Fahrbar mit Sonderanhänger 204 (2achsig). Mit Schutzschild ausgestattet.

Verwendung: 1936 brachte Rheinmetall, 1939 Krupp Versuchsgeschütze zur Vorstellung. Auf Grund der Erprobung fertigte Rheinmetall die 5 cm Flak 41. Im November 40 erste Versuchsgeschütze. 1941 kamen etwa 50 Geschütze zu Batterien zusammengefaßt zur Front. Innerhalb leichter Abteilungen der Luftwaffe eingesetzt. Sollte Ziele bis zu Höhen von 3500 m und mehr fassen können. Schutz von Objekten, wie Brücken und wichtigen Anlagen. Auch ortsfeste Aufstellung oder auf Selbstfahrlafetten aufgebaut. Batterie: 6 Geschütze.

Beurteilung: Rauchentwicklung, Feuerschein und Rückstoßerschütterungen störten die Arbeit des Richtschützen und besonders auch des E-Messers. Der Aufbau, entsprechend dem aller leichten Waffen (2 cm und 3,7 cm), bewährte sich nicht. Feuerhöhe zu hoch, zu geringe Richtgeschwindigkeit. Eine Versuchsbatterie mit Steuersäule, bei der Richtvorgang und E-Messung vom Geschütz abgesetzt waren, brachte gute Erfolge. Von der 0-Serie (50 Geräte) waren Ende 1944 noch 44 Geräte im Einsatz. Weiterentwicklung wurde von Flakinspektion und Flakentwicklung stets gefordert, aber von Göring und Hitler nach Vorträgen des Ministeriums Speer immer wieder abgelehnt, da ein solches Geschütz nicht für notwendig gehalten wurde. Am 24. März 1942 erfolgte ein scharfes Verbot, die Entwicklung fortzuführen.

5 cm FLAK 41. Oben auf Sonderanhänger 204, unten auf 6 t Zgkw. als Selbstfahrlafette.

5,5 cm FLAK (Gerät 58)

5,5 cm FLAK (Gerät 58) (Prototyp)

Gew.: in Feuerstellung: 2990 kg, in Fahrstellung: 5490 kg S/min: 140

Ähnlich: 5 cm Flak 214 (Prototyp)

Besondere Merkmale: Gasdrucklader. Feuerauslösung bei Beendigung des Vorlaufs. Zuführung mit 4 Schuß Magazinen, je nach Rohrlage von rechts oder links. Hülsenauswurf nach vorn. Dreiecksbodenplatte. Hydraulisches Richten mittels zweier Motore. Steuersäule. Abgesetztes E-Messen oder steuerbar durch Funkmeßgeräte (Radar). Anwendung spanloser Fertigung und von Blechprägeteilen.
Auch als Zwillingswaffe vorgesehen mit 333 mm Rohrzwischenraum und etwa 100 kg Mehrgewicht. Gerät 214 verwendete auf gleicher Lafette die aus der 5 cm Pak 38 entwickelte automatische Flugzeugkanone der Ju 88. Nur 50 Stück hergestellt.

Verwendung: Seit 1941 von der Truppe gefordert; von Speer/Hitler abgelehnt. Im März 1943 auf Grund zunehmender Tiefangriffe mit gepanzerten Schlachtflugzeugen erneut gefordert. Entwicklungsauftrag an Krupp und Rheinmetall-Borsig im Juni 1943. Im November 1943 erneut Entwicklungsverbot an die Industrie durch Ministerium Speer. Daher bis Kriegsende nur Versuchsgeräte zur Erprobung bei der Entwicklungsstelle (GL/Flak E) verfügbar. Gedacht zum Objektschutz, besonders auch gegen gepanzerte Flugzeuge in Höhen von 25 m bis etwa 3500 m.

Beurteilung: Geeignet, eine fühlbare Lücke in der Luftverteidigung zu schließen. Neuzeitliche Richtvorrichtung; gute Feuergeschwindigkeit; gute Richtgeschwindigkeit; geringe Feuerhöhe und geringeres Gewicht als 5 cm Flak 41. Hohe V_0. Truppenerfahrungen lagen bei Kriegsende nicht vor. Vermutlich Vorbild für die sowjetische 57 mm Flak, die seit 1958 auch als Panzerflak-Zwilling eingesetzt ist.

★ ★
★

7,5 cm FLAK L/60

V_0 = 825 m/sec. SH: 10000 m S/min: 25

Besondere Merkmale: Kaliber war bedingt durch Versailler Vertrag, der nur 7,5 und 10,5 cm Kaliber zuließ. Seit 1928 in Entwicklung. Zunächst in Fahrstellung auf einachsiges Fahrgestell umgekippt. Vor Einstellung bei Truppe Kreuzlafette von Krupp (Ing. Böhminghaus) gefertigt. Abgesetzte Zünderstellmaschine. Luftvorholer. Zentrale Feuerleitung für gesamte Batterie. Zweiachsiges Fahrgestell. Halbautomatischer Verschluß. Laden von Hand.

Verwendung: 4 Geschütze in einer Batterie. Gegen Ziele in Höhen bis zu 6000 m. Erste Flakgeschütze nach Kriegsende 1918. Die Fahrabteilungen (Tarnung für Flak) wurden ab 1932 damit ausgerüstet. Verwendung zur ersten Ausbildung der Truppe.

Beurteilung: Leistung nicht ausreichend, besonders Geschoßwirkung zu gering. Nach Fertigstellung der ebenfalls 1928 angelaufenen Entwicklung der 8,8 cm Flak 18 wurde das Geschütz aus der Truppe zurückgezogen und an das Ausland verkauft, u. a. an Spanien 1935/36.

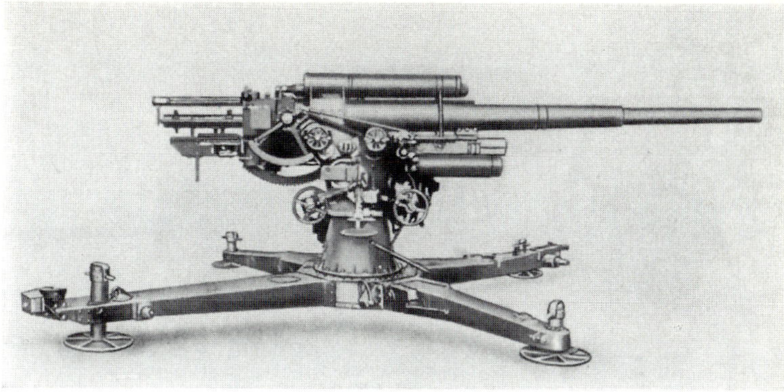

8,8 cm FLAK 18

Gew.: in Feuerst.: 5000 kg	S/min: 15—20	SW: 14680 m
in Fahrst.: 7200 kg	Zünderreichweite: 10600 m	SH: 10600 m

Besondere Merkmale: Rohr mit abschraubbarem Bodenstück, Mantelrohr und durchgehendem einteiligem Seelenrohr. Selbsttätiger und selbstspannender Schubkurbelverschluß, vollautomatisch. Übertragungssystem mit Lampen und Folgezeiger. Getrennte Zünderstellmaschine. Ladeschale mit Ansetzer (von Truppe meist abgebaut). Zentrale Feuerleitung durch Kommandogerät (Kommandohilfsgerät) für ganze Batterie; ab 1940 dazu Funkmeßgerät (Radar). Fahrbar mit Sonderanhänger 201.

Verwendung: Seit 1928 in Entwicklung (Krupp-Gerät). Ersatz für 7,5 cm Flak L/60. 4 Geschütze in einer Batterie. 1933 an die Truppe ausgegeben. In der Heimat auch ortsfester Einsatz. Laufend wurden Verbesserungen an den Geschützen vorgenommen, die 1937 zur Einführung der 8,8 cm Flak 36 führten. Die 8,8 cm Flak 18 wurde dann später, so weit als möglich, auf den Stand der neueren Geschütze gebracht.

Beurteilung: Das Geschütz bewährte sich im allgemeinen gut. Es bestand seine Feuertaufe im Spanienfeldzug, wo es große Anerkennung fand. Nicht befriedigend war die abgesetzte Zünderstellmaschine und die Ladeschale. Bei Verwendung von Kupferführungsringen war der Rohrverschleiß hoch, so daß bei 8,8 cm Flak 36 ein geteiltes Seelenrohr eingeführt wurde.

8,8 cm FLAK 36

Gew.: in Feuerst.: 5000 kg S/min: 15—20 SW: 14860 m
in Fahrst.: 7200 kg Zünderreichweite: 10600 m SH: 10600 m

Ähnlich: 8,8 cm Flak 37

Besondere Merkmale: Geteiltes Seelenrohr in 3 Teilen (Laderaum und gezogener Teil, zweiteilig). Verstärkte Ausgleichsfedern. Einbau eines Schnellganges für Seiten- und Höhenrichtmaschine. Fest anmontierte Zünderstellmaschine mit 2 Zünderstellbechern. Feuerleitung wie 8,8 cm Flak 18. Verbesserte Lafettenholme; Fahrgestell: Sonderanhänger 202 (2achsig). Für Fronteinsatz wurde ab 1940 ein Schutzschild angebaut.
Bei Typ 37 wurde Lampengebersystem durch eine Folgezeigerübertragung ersetzt. Ab 1943 nur noch eine Zünderstellmaschine mit einem Zünderstellbecher.

Verwendung: Wie 8,8 cm Flak 18. Rohraufbau war von Rheinmetall übernommen. Auch Verwendung als Eisenbahnflak und ab April 1943 auf Selbstfahrlafette (1 Abteilung). Von den Typen 18,36 und 37 waren im August 1944 10930 Geschütze im Einsatz. Monatlich wurden im Jahre 1944 gefertigt: 450—700 Geschütze. Munitionsverbrauch 1940/41 monatlich etwa 500000, 1944 ansteigend auf durchschnittlich 1749300, im Oktober 1944 sogar auf 3175400 Schuß.

Beurteilung: Ebenso wie 8,8 cm Flak 18 ein bewährtes Geschütz, welches bis Kriegsende im Einsatz war und gefertigt wurde. Mit steigenden Flughöhen genügte das Geschütz nicht mehr voll. Geschoßwirkung der Granaten unbefriedigend. Zu kleine Sprengstücke, viel Grieß. Verbesserung durch Rillung der Hülle (April 1943), später Herstellung aus weicherem Stahlmaterial (Dezember 1943). Brandschrapnell brachte gute Ergebnisse gegen kommende Ziele (1944). Fertigungsschwierigkeiten; Massenherstellung verlangte dreifache Arbeitszeit. Daher nicht einführungsreif. Nach Einbau einer Aufschlagzündung in den Zeitzünder verdreifachten sich die Abschußzahlen.

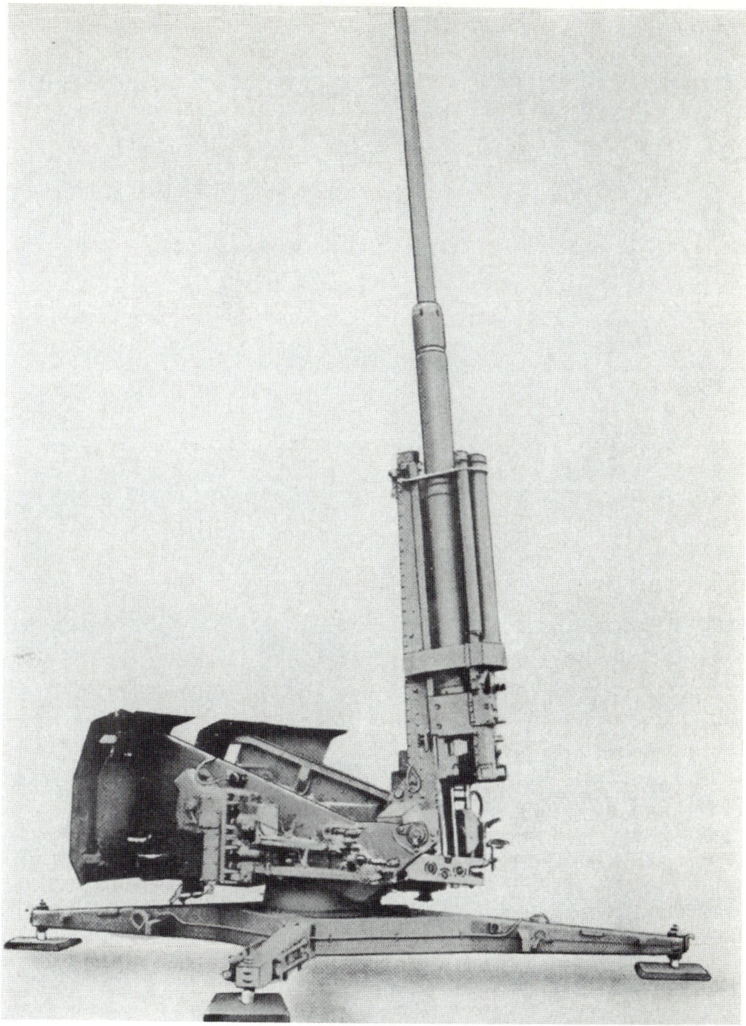

8,8 cm FLAK 41
mit großer Rohrerhöhung

8,8 cm FLAK 41 auf Sonderanhänger 202

8,8 cm FLAK 41

Gew.: in Feuerst.: 8000 kg	S/min: 20—25	SW: 20 000 m
in Fahrst.: 11 200 kg	Zünderreichweite: 12 350 m	SH: 14 700 m

Ähnlich: 8,8 cm Flak 42

Besondere Merkmale: Drehkranzlafette. Halbautomatischer Verschluß mit hydraulisch-pneumatischem Rollenansetzer. Feuerleitung wie 8,8 cm Flak 18. Fahrbar auf Sonderanhänger 202 (2achsig). Zunächst 5teiliger (Messinghülsen), ab Rohr 153 4teiliger Rohraufbau (Stahlhülsen), ab Rohr 286 ein durchgehendes Seelenrohr (unvergütete Stahlhülsen). Schutzschild.

Verwendung: In Batterien zu 4 Geschützen gegen Ziele in größeren Höhen. Für Front und Heimateinsatz. Seit 1939 bei Rheinmetall in Entwicklung. Zunächst nur eine 0-Serie bestellt (44 Geschütze). Erst Rommels Forderung nach einem leistungsfähigeren Geschütz zur Panzerabwehr (August 1942) verursachte Nachtragsaufträge. Die 0-Serie kam im März 1943 nach Afrika (50%versenkt im Mittelmeer). Nachschubschwierigkeiten und Ersatzteilanpassung in Werkstätten schmälerten den Einsatz. Anlaufen der Fertigung nur langsam. Typ 42 Entwicklung 1941 von Krupp, deren Rohraufbau später für Typ 41 übernommen wurde. Ab April 1944 kamen monatlich 3, bis Dezember 1944 100 Geräte zur Auslieferung. Im August waren 159, im Februar 1945 279 Geschütze im Einsatz.

Beurteilung: Ein hervorragendes Gerät, das in Bezug auf Gewicht und ballistische Leistung bis in die Jahre 1950 nicht erreicht worden ist. Sehr niedrige Feuerhöhe. Außenballistisch erreichte es die Leistung der 12,8 cm Flak. Anfängliche Schwierigkeiten im Hülsenauswurf durch Rohraufbau. Wäre die 0-Serie, wie stets geplant, in der Heimat eingesetzt worden, so hätte das Geschütz noch mehr Bedeutung gewonnen.

★ ★
★

8,8 cm FLAK 37/41

Gew.: in Feuerst.: 7111 kg	S/min: 15—20	SW: 20000 m
in Fahrst.: 9300 kg	Zünderreichweite: 12350 m	SH: 14700 m

Besondere Merkmale: Änderung der 8,8 cm Flak 18 (bzw. 36 und 37), um Leistung der 8,8 cm Flak 41 herauszuholen. Verlängertes Rohr mit Mündungsbremse. Übernahme der Rohrinneneinrichtung der Flak 41. Horizontal angebrachte Zünderstellmaschine und Rollenansetzer, wie bei Gerät 41. Verstärkte Ausgleicherfedern. Erhöhter Luftdruck in Luftvorholern. Feuerleitung wie 8,8 cm Flak 18. In Fahrstellung mußte das Rohr auf der Wiege zurückgezogen werden.

Verwendung: Wie Flak 41. Da die alten Flakgeräte 18, 36 und 37 nur Ziele in Höhen bis 6000 m bekämpfen konnten, wurde bald nach Einführung der 8,8 cm Flak 41 (1943) verlangt, die Leistung der alten Flak zu steigern. Diese Entwicklung war durch Vorversuche mit Mündungsbremsen pp schnell abgeschlossen, konnte aber nicht zur Auswirkung kommen, da Munition für die 8,8 cm Flak 41 = Leistung nicht ausreichend geschaffen werden konnte. So kam es nur zur Einstellung von 13 Rohren bis zum Februar 1945.

Beurteilung: Ein kriegsbedingter Notbehelf. Bei besserer Munitionslage hätte das Gerät im Heimateinsatz voll genügt.

10,5 cm FLAK 38

Gew.: in Feuerstellung: 7500 kg SW: 17 500 m SH: 12 100 m

Besondere Merkmale: Ursprünglich von der Marine entwickelt. Ende 1933 von Flak Auftrag an Firmen, das Gerät für Heer (Flak) umzukonstruieren. Pivotsockellafette mit elektrisch angetriebenen Richtmaschinen und automatischer Ladeeinrichtung. Feuerleitung wie 8,8 cm Flak 18. Als Eisenbahnflak und hinter Kraftzug angehängt, verwendet. Erste Versuchsbatterien 1937/38.

Verwendung: Wie 8,8 cm Flak in Batterien zu 4 Geschützen, ferner bei Marine — Flak ortsfest auf Sockellafette. Größere Wirkungsreichweite gegen Ziele in Höhen bis etwa 7000 m. Bis 1939 wurden monatlich 4 Geschütze ausgeliefert.

Beurteilung: Die Geräte zeigten viele Störungen, da die elektrischen Einrichtungen noch nicht einwandfrei funktionierten. Die Truppe mußte an diesem Gerät erst Erfahrungen sammeln. In Auswertung aller dieser Erkenntnisse entstand dann in den Jahren 1938/39 das neue Gerät, die 10,5 cm Flak 39.

10,5 cm FLAK 39

Gew.: in Feuerst.: 10240 kg	S/min: 10—15	SW: 17700 m
in Fahrst.: 14600 kg	Zünderreichweite: 11800 m	SH: 12800 m

Besondere Merkmale: Pivotsockellafette. Elektrische Richtmaschinen, Automatische (elektrische) Ladeeinrichtung. Rollenansetzer, Kreuzlafette, fahrbar mit Sonderanhänger 203. (2 Achsen). Übertragungsgerät 37 für Übermittlung der Werte für Erhöhung, Seite und Zünderstellung. Feuerleitung wie 8,8 cm Flak 18.

Verwendung: Im Heimatgebiet und rückwärtigen Gebiet zum Objektschutz. Für Fronteinsatz (beweglich) zu schwer. Ab 1940 kamen diese Geschütze an die Truppe anstelle der 10,5 cm Flak 38. Im August 1944 waren im Einsatz bei der Luftwaffe auf Eisenbahnplattformwagen 116 Geschütze, auf Betonsockeln (fest eingebaut) 877 Geschütze und fahrbar 1025 Geschütze; Batterien zu 4, im Heimatkriegsgebiet teilweise 6 Geschütze.

Beurteilung: Das Geschütz entsprach nicht voll den Forderungen. Der 8,8 cm Flak 41 ballistisch unterlegen; Fertigung sollte eingestellt werden. Dies scheiterte an der langsamen Auslieferung der 8,8 cm Flak 41. Auch der Entschluß, in die Lafette das 8,8 cm 41-Rohr einzulegen, war durch den Munitionsmangel für dies Geschütz und an der Fertigungskapazität von 8,8 cm 41-Rohre behindert. Bei gedrosselter Fertigung wurden im Jahre 1944 noch monatlich 60 bis 80 Geschütze geliefert.

12,8 cm FLAK 40

Gew.: in Feuerst.: 18000 kg	S/min: 10—12	SW: 20900 m
in Fahrst.: 27000 kg	Zünderreichweite: 12800 m	SH: 14800 m

Ähnlich: 12,8 cm Flak 45 (Prototyp)

Besondere Merkmale: Pivotsockellafette mit elektrisch angetriebenen Richtmaschinen. Automatische (elektrische) Ladeeinrichtung. Feuerleitung wie 8,8 cm Flak 18. Zunächst in 2 Lasten aufgeteilt. Später in einer Last auf Sonderanhänger 220 (4 Achsen) transportiert; als Eisenbahnflak auf Plattformwagen montiert, Typ 45 längeres Rohr und größerer Verbrennungsraum.

Verwendung: Im Batterieverband zu 4 Geschützen bei Luftwaffen — und Marineflak, vornehmlich zum Objektschutz gegen Hochangriffe. 1936 wurde erster Auftrag an Rheinmetall erteilt und 1938 erste Versuchsgeschütze an Wa.Prüf. ausgeliefert. Im Dezember wurden 100 Geschütze bestellt. Ende 1941 erhielt die Truppe die ersten Batterien. Für mot. Einsatz waren nur wenige Geschütze (1 Batterie) ausgerüstet. Im August 1944 waren bei der Luftwaffe im Einsatz: fahrbar 6, ortsfest (auf Sockeln aufgestellt) 242 und als Eisenbahnflak 201 Geschütze. Im Februar 1945 waren auf Sockellafette eingesetzt 362 Geräte, an den Zahlen für Eisenbahngeschütze und beweglichen Einsatz hatte sich wenig geändert. Typ 45 Weiterentwicklung seit 1942.

Beurteilung: Dies Geschütz war wohl das wirkungsvollste Flakgeschütz im Kriege 1939/45. Für beweglichen Einsatz war es jedoch zu schwer. Es hat sich bis Kriegsende gut bewährt, war jedoch gegen Hochangriffe ab Ende 1944 an der Grenze seiner Leistungsfähigkeit. Die Entwicklung des Typs 45 war bei Kriegsende nicht abgeschlossen.

12,8 cm FLAK 40. Frühe Ausführung mit Kreuzlafette.

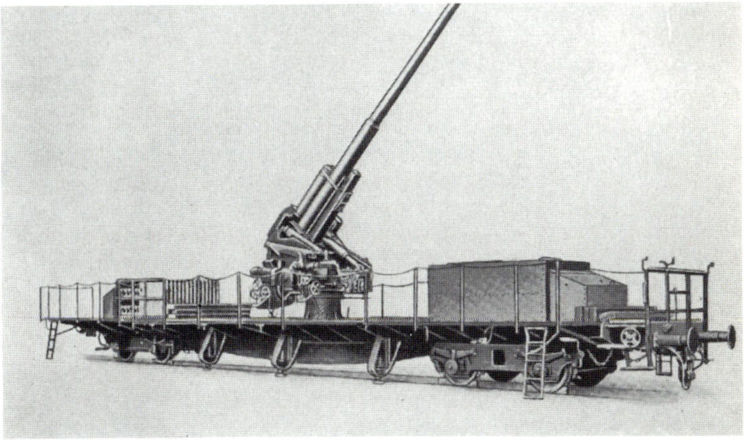

12,8 cm FLAK 40. Ausführung als Eisenbahnflak auf Plattformwagen.

12,8 cm FLAK 40. Spätere Ausführung mit Plattenlafette und 4 kürzeren Auslegern.

12,8 cm FLAKZWILLING 40

Gew.: in Feuerst.: 27000 kg S/min: 20—24 SW: 20900 m
Zünderreichweite: 12800 m SH: 14800 m

Besondere Merkmale: Ortsfeste Aufstellung auf Drehkranzlafette. Elektrischer Antrieb der Richtmaschinen mit besonderem Schnellgang für die Seitenrichtung. Automatische Munitionszuführung und Ladeeinrichtung für jedes Rohr getrennt. Außenballistik und Innenballistik wie bei der 12,8 cm Flak 40. Feuerleitung wie 8,8 cm Flak 18.

Verwendung: Zum Objektschutz besonders wichtiger Städte, u. a. Berlin, Hamburg, Wien, von der Luftwaffe auf Flaktürmen eingesetzt. Zerlegt verlegungsfähig mit Sonderanhänger 203 (2achsig) mit Transportbrücke. Im August 1942 erste Batterie in Berlin eingesetzt. Im August 1944 waren 27, im Februar 1945 34 Geschütze im Einsatz. Fertigung konnte im Jahre 1944 von 1 Gerät im Monat Juli auf 12 Geräte im Monat Dezember gesteigert werden. Fertigungsfirma war Hanomag in Hannover. Batterie mit je 4 Geschützen.

Beurteilung: Wie 12,8 cm FLAK 40.

12,8 cm FLAKZWILLING 40

15 cm FLAK (Gerät 50) (Prototyp Krupp)

Gew.: in Feuerstellung: 22200 kg SW: 21000 m SH: 15200 m

Ähnlich: 15 cm Flak (Gerät 55) (Prototyp Rheinmetall)

Besondere Merkmale: Sockellafetten mit 4 Auslegern. Elektrisch-hydraulische Richtmaschine. Vollautomatische Ladeeinrichtungen für halbautomatisches Feuern. Feuergeschwindigkeit 9 bis 10 S/min. Rollenansetzer. Munitionsaufzug. Gerät 55 fahrbar in 3 Lasten (Plattform, Lafette, Rohr). Gerät 50 fahrbar in 4 Lasten (Plattform, Unterlafette, Oberlafette, Rohr). Auch Eisenbahnflak.

Verwendung: Entwicklungsauftrag von 1936. Beide Geräte standen im September 1938 zur Erprobung zur Verfügung. Nur Prototypen wurden hergestellt, die nicht zum Fronteinsatz gelangten.

Beurteilung: Nur unwesentlich bessere Schußhöhe als bei Gerät 12,8 cm. Dieser Gewinn rechtfertigte nicht das bedeutend höhere Gewicht. Die Steigerung der Geschoßwirkung wurde ebenfalls nicht für wesentlich gehalten, da 12,8 cm Treffer auch einen Abschuß sicherstellten. Der notwendige große Fertigungsaufwand war nicht vertretbar. Nur für bedeutend höhere Leistungen wäre das Kaliber 15 cm zu rechtfertigen gewesen. Deshalb 1940 Auftrag zur Entwicklung eines neuen, bedeutend leistungsgesteigerten Typs.

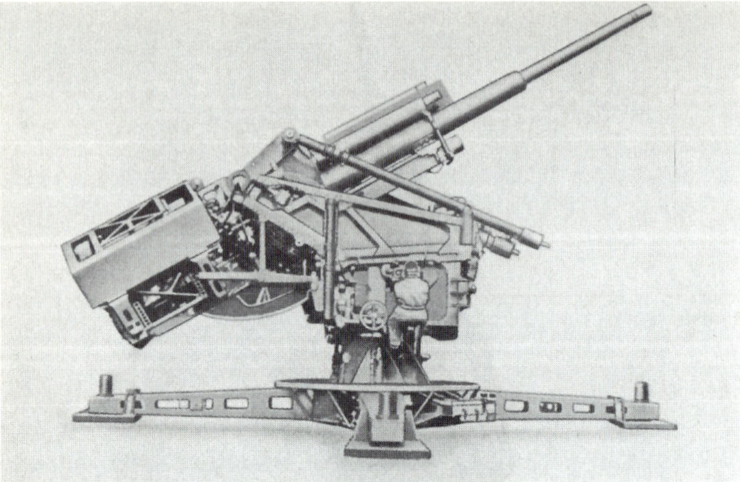

15 cm FLAK (Gerät 60 F) (Prototyp Krupp)

Ähnlich: 15 cm Flak (Gerät 65 F) (Prototyp Rheinmetall)
15 cm Flak (Gerät 60 und 65, Prototypen Krupp und Rheinmetall)

Besondere Merkmale: Weiterentwicklung der Geräte 50 und 55. Transport der Geräte 60 und 65 zunächst auf 2 Meiller-Transportern zu je 3 Achsen in einer Last. Geschoßgewicht auf 42 kg, V_0 auf 960 m/s erhöht. Neues elektro-hydraulisches Feuerleit- und Rechengerät. Ab Oktober 1942 nur noch als ortsfestes Gerät (F = Fest) weiterentwickelt unter Erhöhung der V_0 auf 1200 m/s, um in 25 sec Flugzeit eine Schußhöhe von 18000 m zu erreichen. Rohrlebensdauer mit 86 Schuß berechnet, Versuche mit konischem Rohr und Pfeilgeschossen.

Verwendung: Schon 1940 in Auftrag gegeben. Anfang 1942 Versuchsrohr für Gerät 65 fertig. August 1943 Versuchsrohr 65 F und Prototyp der Lafette fertig. September 1943 Einstellung der Weiterentwicklung als Flak, nur noch Versuche mit hoher V_0.

Beurteilung: Im Laufe der langen Entwicklung der 15 cm Geräte wurde es deutlich, daß die Grenze der Leistung von Flak gegen neuzeitliche Flugzeuge erreicht war. Der Aufwand war zu hoch, die Reichweite nicht genügend. Auch die 1941 angelaufene Entwicklung der ortsfesten 24 cm Flak (Geräte 80 und 85) kam über Entwurfszeichnungen und anfängliche Berechnungen nicht hinaus und wurde am 17. August 1943 ebenfalls eingestellt.

Modell: 2 cm Flak	30	38	Vierling 38	Gebirgs 38
Kaliber mm	20	20	20	20
Rohrlänge mm	2300	2252,5	2252,5	2252,5
Gezogener Teil mm	720	720	720	720
Züge Zahl	8	8	8	8
Rücklauf maximal mm	44	53	53	53
Rücklauf normal mm	33	.	.	.
Richtmittel				
Flakvisier	35	38	40	40
Linealvisier	21	21	21	21
Schwebekreisvisier	—	38	38	38
Erdzielfernrohr	3×8	3×8	3×8	3×8
Schwenkbereich°	360	360	360	360
Erhöhung°	— 12 bis + 90	— 20 bis + 90	— 10 bis + 100	— 28 bis + 90
Feuergeschwindigkeit S/min				
theoretisch	280	480	1800	480
praktisch	120	220	800	220
Richtgeschwindigkeit°/Drehung				
Höhe	.	4—12	4—12	.
Seite	.	10—30	7,5—22,5	.
Feuerstellung Länge mm	4080	4000	4330	3650
Feuerstellung Breite mm	1810	1810	2420	1200
Feuerstellung Höhe mm	1600	1700	2166	1270
Feuerhöhe mm				
abgesetzt	740	760	1140	800
von Rädern	1080	1120	1480	990
Sonderanhänger (1 achsig)	51	51	52	.
Gewicht kg				
Fahrstellung	770	750	2212	315
Feuerstellung	450	420	1514	276
Schutzschild	112	120	mit	mit
V_0 Sprenggranate m/sec	900	900	900	900
Panzergranate m/sec	830	830	830	830
Schußweite maximal m	4800	4800	4800	4800
Schußhöhe maximal m	3700	3700	3700	3700
Zerlegergrenze m	2200	2200	2200	2200
Munition gr				
1. Sprenggranate mit Lichtspur und Zerleger	132	132	132	132
2. Brandsprenggranate mit Lichtspur und Zerleger	132	132	132	132
3. Brandsprenggranate ohne Lichtspur mit Zerleger	132	132	132	132
4. Panzergranate mit Lichtspur	148	148	148	148
5. Panzergranate mit Lichtspur und Zerleger	148	148	148	148
6. Minengranate	115	115	115	115
Magazine mit 20 Patronen kg	9,5	9,5	9,5	9,5

Modell 3,7 cm Flak	18	36	43	Zwilling 43
Kaliber mm	37	37	37	37
Rohrlänge mm	3626	3626	3300	3300
Gezogener Teil mm	1826	1826	1826	1826
Züge Zahl	20	20	20	20
Rücklauf mm	178	178	127	127
Richtmittel				
Flakvisier	33	36/37	43	43
Schwebekreisvisier	38	38	38	38
Erdzielfernrohr	3×8	3×8	3×8	3×8
Schwenkbereich°	360	360	360	360
Erhöhung°	— 5 bis + 85	— 8 bis + 85	— 7,5 bis + 90	— 7,5 bis + 90
Feuergeschwindigkeit S/min				
theoretisch	160	160	180	360
praktisch	80	120	150	300
Richtgeschwindigkeit°/Drehung				
Höhe	1,5—3,5	4	.	.
Seite	3,5—6,5	4—10	.	.
Feuerstellung Länge mm	7150	5570	3493	.
Feuerstellung Breite mm	2135	2420	1780	.
Feuerstellung Höhe mm	2210	2130	1619	.
Feuerhöhe mm				
abgesetzt	1135	990	.	.
von Rädern	1535	1220	.	.
Sonderanhänger	104	52	58	206
Achsen	2	1	1	2
Gewicht Fahrstellung kg	3560	2400	2000	4850
Feuerstellung kg	1750	1550	1250	2500
V_0 Sprenggranate m/sec	820	820	820	820
Panzergranate m/sec	770	770	770	770
Schußweite maximal m	6500	6500	6500	6500
Schußhöhe maximal m	4800	4800	4800	4800
Zerlegergrenze m	3500	3500	3500	3500
Munition gr				
1. Sprenggranate 18 mit Lichtspur und Zerleger	623	623	623	623
2. Panzergranate mit Lichtspur	658	658	658	658
3. Brandsprenggranate mit Lichtspur und Zerleger	623	623	623	623
4. dto. ohne Lichtspur	623	623	623	623
5. Panzergranate mit Lichtspur und Zerleger	658	658	658	658
6. Minengranate mit Lichtspur und Zerleger	623	623	623	623
Patronenrahmen mit				
6 Schuß kg	12,5	12,5	—	—
8 Schuß kg	—	—	.	.

Modell	3 cm 103/38	4 cm 28 Bofors	5 cm 41	5,5 cm Gerät 58
Kaliber mm	30	40	50	55
Rohrlänge mm	1338	2400 (L/60)	4686	4211
Gezogener Teil mm	1159,7	.	2979	.
Züge Zahl	16	.	20	.
Rücklauf maximal mm	.	.	208	280
Rücklauf normal mm	.	.	178	.
Richtmittel				
Flakvisier	.	Bofors	41	Steuersäule
Schwebekreisvisier	38	.	38	.
Erdzielfernrohr	.	.	3×8	.
Schwenkbereich°	360	360	360	unbegrenzt
Erhöhung°	—10 bis +80	—5 bis +90	—10 bis +90	—10 bis +90
Feuergeschwindigkeit S/min				
theoretisch	400	160	130	140
praktisch	250	120	130	140
Richtgeschwindigkeit°/Drehung				
Höhe	4—12	4	1—8	1,5—6
Seite	10—30	6	2—8	2—8
mit mot. Kraft				
Höhe	—	—	—	40
Seite	—	—	—	40
Feuerstellung Länge mm	3000	6270	8555	8150
Feuerstellung Breite mm	1720	1790	2360	3400
Feuerstellung Höhe mm	2690	2050	2160	1690
Feuerhöhe abgesetzt mm	760	1165	1400	1150
Feuerhöhe von Rädern mm	1120	1600	1825	1630
Sonderanhänger	51	festverb.	204	204
Achsen	1	2	2	2
Gewicht Fahrstellung kg	879	1730	5500	5490
Gewicht Feuerstellung kg	619	1730	3100	2990
Gewicht Schutzschild kg	80	ohne	mit	mit
V_0 Sprenggranate m/s	900	900	840	1050
Panzergranate m/s	800	850	.	.
Schußweite maximal m	5730	9000	12400	.
Schußhöhe maximal m	4700	6700	9400	.
Zerlegergrenze m	1600	4300	4000/6500	.
Munition gr				
1. Sprenggranate mit Lichtspur und Zerleger	.	955	2195	2030
2. Panzergranate mit Lichtspur	.	.	2200	.
3. Brandsprenggranate mit Lichtspur und Zerleger	.	.	2195	.
Magazin mit Schuß	30—40	4	5	.
Gewicht kg	.	2,1	30	.

Modell	7,5 cm L/60	8,8 cm 18, 36, 37	8,8 cm 41	8,8 cm 37/41
Kaliber mm	75	88	88	88
Rohrlänge mm	4500 (L/60)	4930	6548	7027
Gezogener Teil mm	.	4124	5411	5850
Züge Zahl	.	32	32	32
Rücklauf maximal mm	.	1080	.	.
Rücklauf normal mm	.	850—1050	900—1200	.
Richtmittel				
Kommandogerät	36	36 u. 40	40	40
Hilfskommandogerät	35	35	—	—
Übertragungsgerät	30	30 u. 37	37	37
Schwenkbereich°	360	360	360	360
Erhöhung°	—3 bis +85	—3 bis +85	—3 bis +90	—3 bis +85
Feuergeschwindigkeit S/min	20	15—20	20—25	15—20
Feuerstellung Länge mm	.	7620	9658	7700
Feuerstellung Breite mm	.	2305	2400	2400
Feuerstellung Höhe mm	.	2418	2360	2600
Feuerhöhe mm	.	1600	1250	1600
Sonderanhänger (2 Achsen)	.	201/202	202	202
Gewicht Fahrstellung kg	.	7200	11200	9300
Gewicht Feuerstellung kg	.	5000	8000	7111
V_0 Sprenggranate m/s	825	820	1000	1000
Panzergranate m/s	.	795	980	980
Schußweite maximal m	.	14860	19800	19800
Schußhöhe maximal m	10000	10600	14700	14700
Zünderreichweite m	.	10600	12350	12350
Munition kg				
Sprenggranate Patrone	.	14,7	19,2	19,2
Panzergranate Patrone	.	15,3	19,8	19,8
Geschoßgewicht Granate	.	9,5	9,4	9,4
Zünderstellmaschine	.	18—19—37	41	41

Modell	10,5 cm 38/39	12,8 cm 40	12,8 cm Zwilling	15 cm 50/55
Kaliber mm	105	128	128	150
Rohrlänge mm	6648	7835	7835	.
Gezogener Teil mm	5531	6478	6478	.
Züge Zahl	36	40	40	.
Abfeuerung	elektrisch	elektrisch	elektrisch	elektrisch
Rücklauf maximal mm	910	.	.	.
Rücklauf normal mm	830—900	1000—1300	1000—1300	.
Richtmittel				
Kommandogerät	36 u. 40	40	40	.
Übertragungsgerät	30 u. 37	37	37	.
Schwenkbereich°	360	360	360	360
Erhöhung°	—3 bis +85	—3 bis +87	0 bis +87	.
Feuergeschwindigkeit S/min	12—15	10—12	20—24	9
Feuerstellung Länge mm	8420	15000	9120	.
Feuerstellung Breite mm	2450	2500	5045	.
Feuerstellung Höhe mm	2900	3550	2950	.
Feuerhöhe mm	1800	2300	.	.
Sonderanhänger	203	220	2—203	.
Achsen	2	4	2	.
Gewicht Fahrstellung kg	14600	27000	.	.
Gewicht Feuerstellung kg	10240	18000	27000	22200
V_0 Sprenggranate m/s	880	880	880	890
Panzergranate m/s	860	860	860	850
Schußweite maximal m	17700	20900	20900	.
Schußhöhe maximal m	12800	14800	14800	15200
Zünderreichweite m	11800	12800	12800	.
Munition kg				
Sprenggranate Patrone	26	47,7	47,7	.
Panzergranate Patrone	26,1	46,5	46,5	.
Geschoßgewicht Granate	15,1	26	26	40
Zünderstellmaschine	38	40	40 u. 41	.

Anhang

Selbstfahrlafetten
1939 — 1945

Infanteriegeschütze

15 cm s. I. G. 33 auf Panzerkampfwagen I B

15 cm s. I. G. 33 auf Panzerkampfwagen II (Ausf. A)

15 cm s. I. G. 33 auf Panzerkampfwagen II (Ausf. B)

15 cm s. I. G. 33 auf Gw. 38 (Ausf. M)

15 cm s. I. G. 33 auf Gw. 38 (Ausf. H)

10,5 cm L. G. 2540 Rh auf Sf. Borgward VK. 302

Panzerabwehrkanonen

3,7 cm PAK auf Sf. Renault UE (f)

3,7 cm PAK auf Sf. „Bren Carrier“ (e)

5 cm PAK 38 auf Sf. Borgward VK 302

7,5 cm PAK 39 auf Gw. II „Marder II“

7,5 cm PAK 40/3 auf Gw. 38 „Marder III“ (Ausf. H)

7,5 cm PAK 40/3 auf Gw. 38 „Marder III“ (Ausf. M)

7,5 cm PAK 40/1 auf Sf. RSO

7,5 cm PAK 40 auf Gw. Lr. S. (f)

7,5 cm PAK 40 auf Gw. F.C.M. (f)

7,5 cm PAK 40 auf Gw. Hotchkiss H 35 (f)

8,8 cm PAK 43/1 auf Gw. III/IV „Nashorn“

8,8 cm PAK 43/3 auf Sf. 38 (d)

12,8 cm K auf Versuchsfahrgestell VK 3001 (H)

Feldgeschütze

10,5 cm PANZERHAUBITZE 18 „WESPE“ auf Gw. II

10,5 cm PANZERHAUBITZE 18 auf Sf. 39 H (f)

10,5 cm PANZERHAUBITZE 18 auf Gw. F.C.M. (f)

10,5 cm PANZERHAUBITZE 18/40 auf Gw. IVb „Heuschrecke“

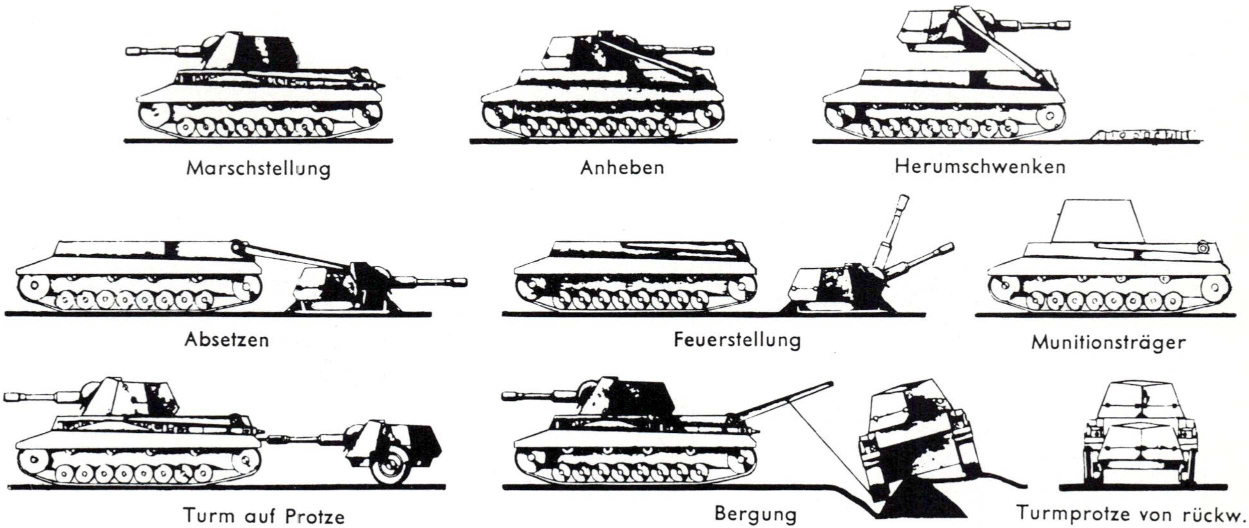

Waffensystem „HEUSCHRECKE“. Erstes Versuchsmuster eines Waffenträgers mit abnehmbarem Turm

„GRILLE 10“ Holzmodell Waffenträger für 10,5 cm K

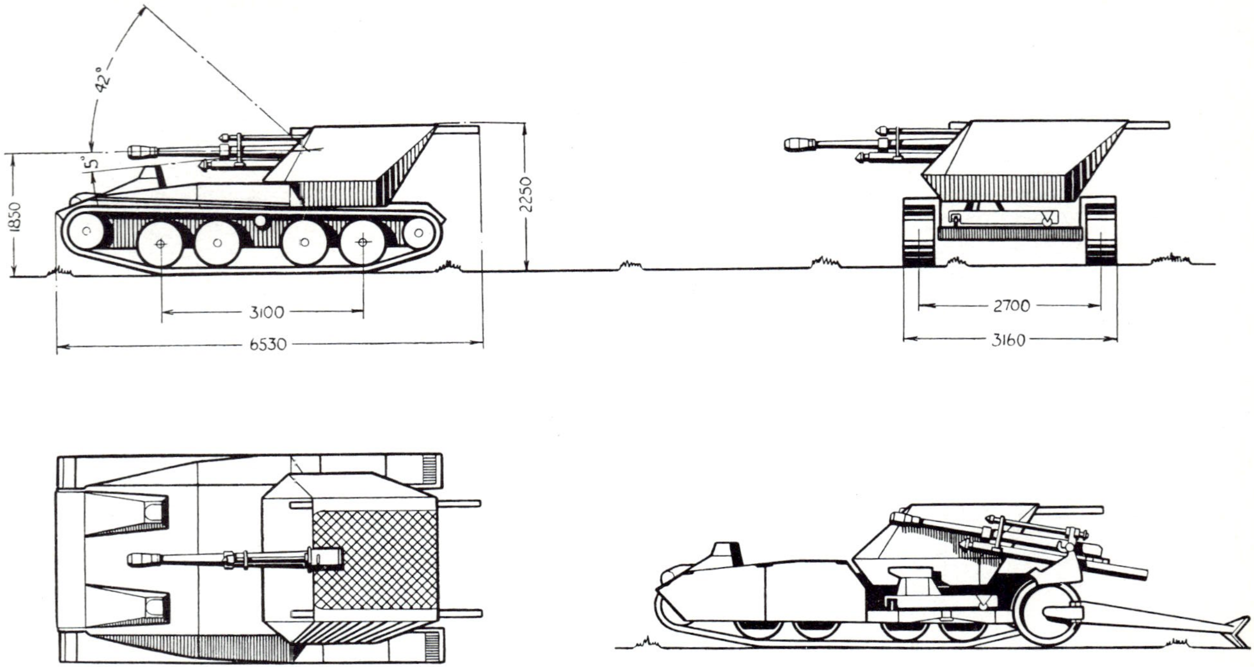

Waffenträger Größe I, Entwurf Ardelt für 10,5 cm le. F.H.

15 cm PANZERHAUBITZE 18 (M) auf Gw. III/IV „HUMMEL“

„GRILLE 15“ (Krupp-Gerät 5-1211), Waffenträger für 15 cm H oder 12,8 cm K

15 cm s. F.H. 13 auf Gw. Lr. S. (f)

„GRILLE 17/21“ (Holzmodell Krupp) Waffenträger für 17 cm K oder 21 cm M

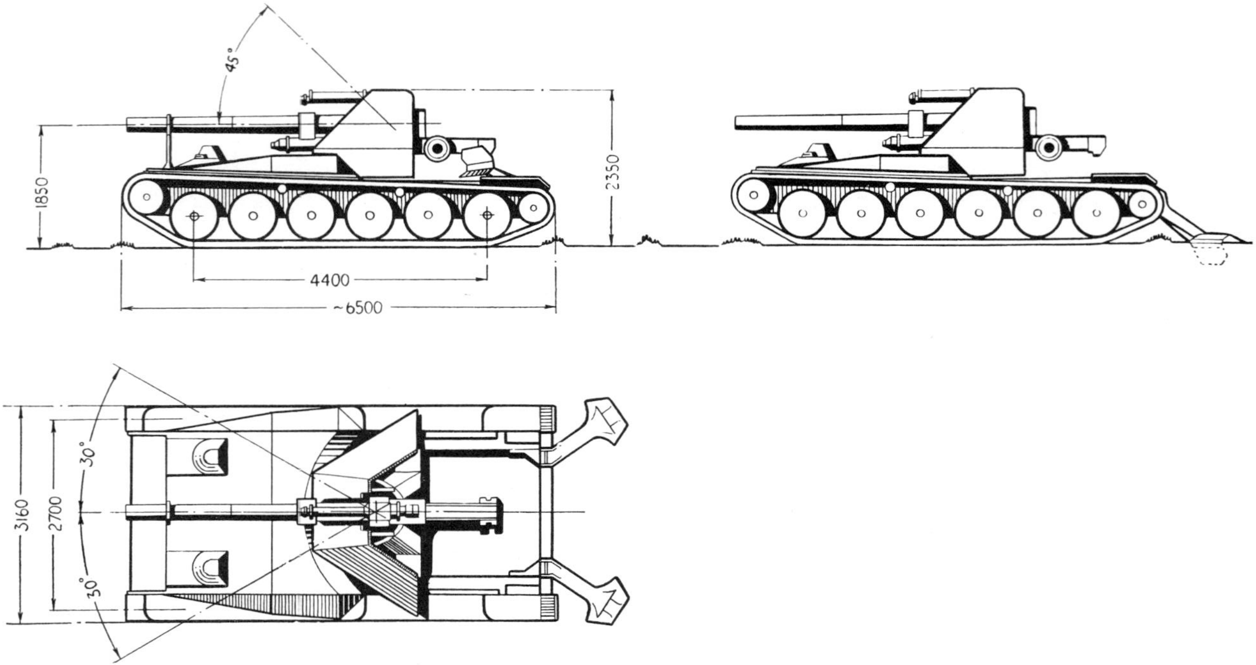

Waffenträger Größe II, Entwurf Ardelt für 15 cm H oder 12,8 cm K

Flugabwehrkanonen

2 cm FLAK 38 auf Sf. 38 (t)

2 cm FLAKVIERLING 38 auf Sf. IV

8,8 cm FLAK 41 auf Versuchsfahrgestell

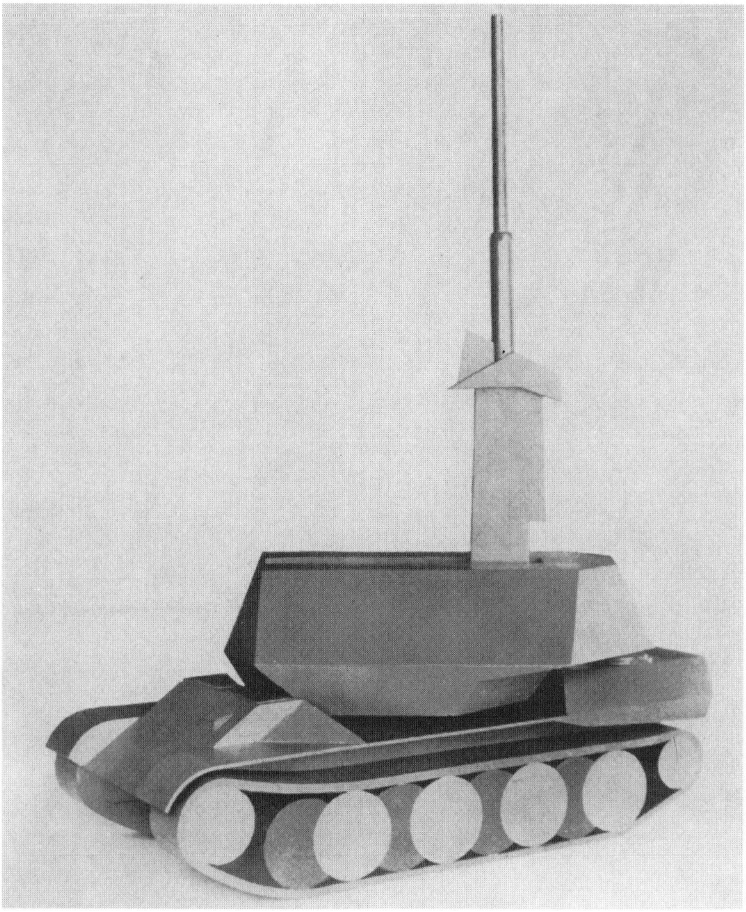

8,8 cm FLAK 41 auf Fahrgestell „Panther", Holzmodell

Zugkraftwagen 1939—1945
und Bundeswehr

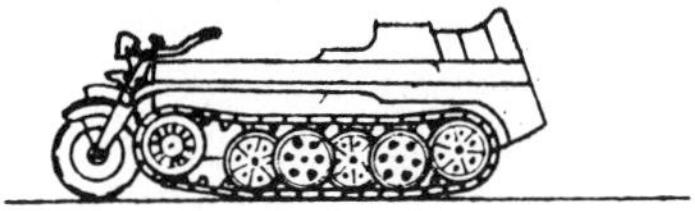

NSU „HK 101“ kleines Kettenkraftrad — SdKfz 2

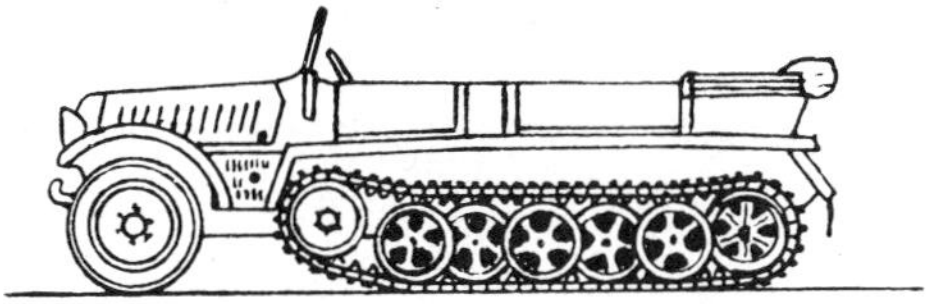

DEMAG „D 7“ le Zgkw 1 t — SdKfz 10

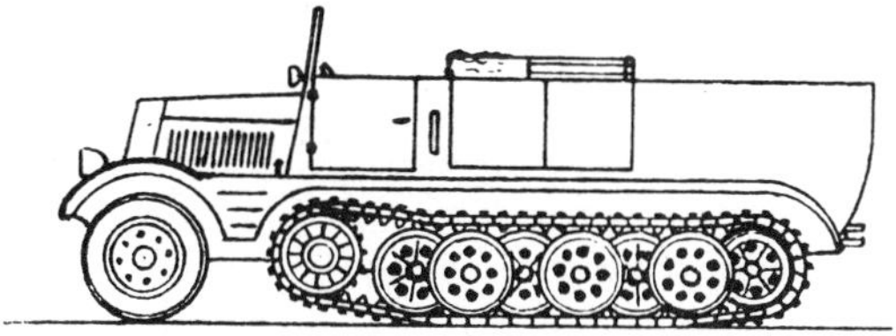

HANOMAG „H Kl 6“ le Zgkw 3 t — SdKfz 11

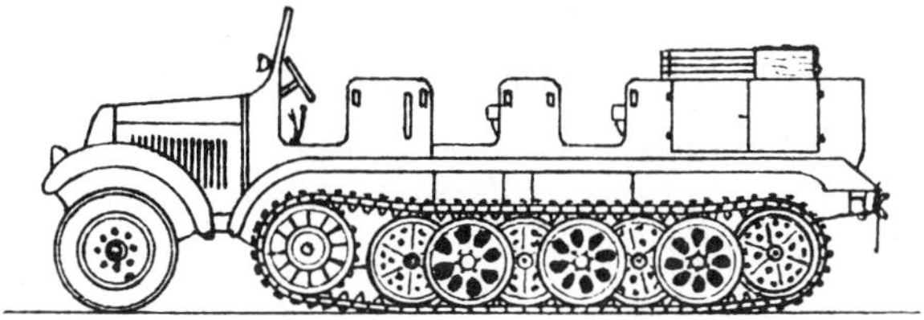

BÜSSING-NAG „BN 9“ m Zgkw 5 t — SdKfz 6/1 Artillerie-Ausf.

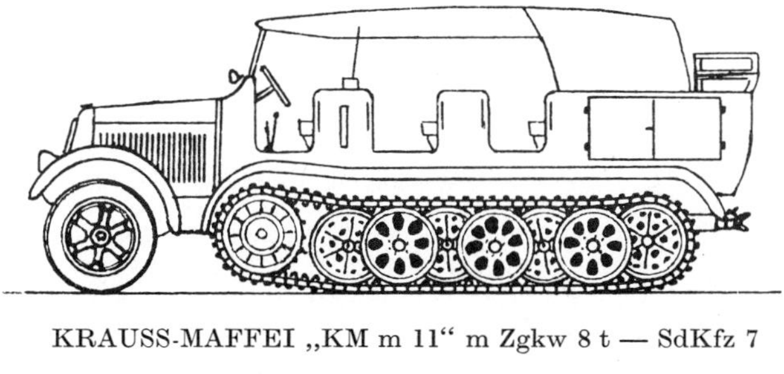

KRAUSS-MAFFEI „KM m 11“ m Zgkw 8 t — SdKfz 7

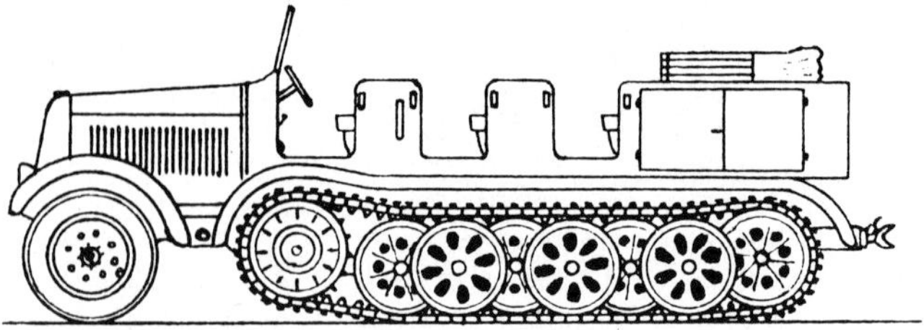

DAIMLER-BENZ „DB 10“ m Zgkw 12 t — SdKfz 8

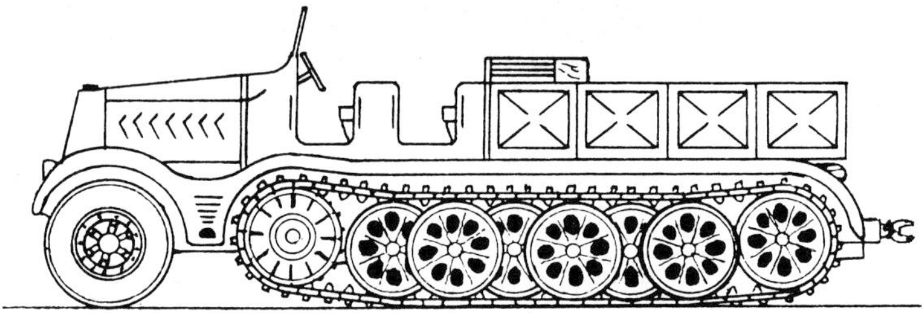

FAMO „F 3“ s Zgkw 18 t — SdKfz 9

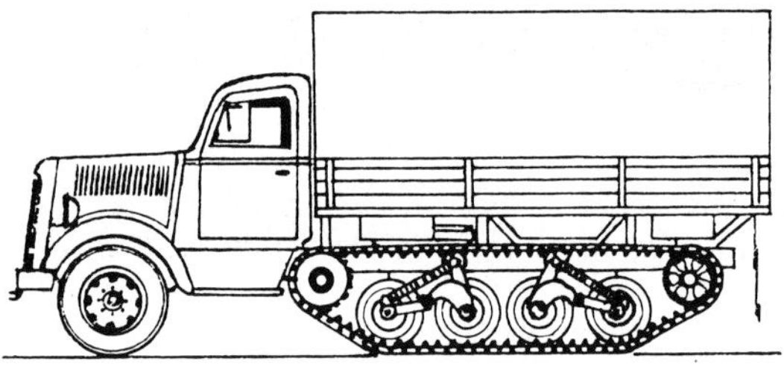

„MAULTIER“
Ford 2 t

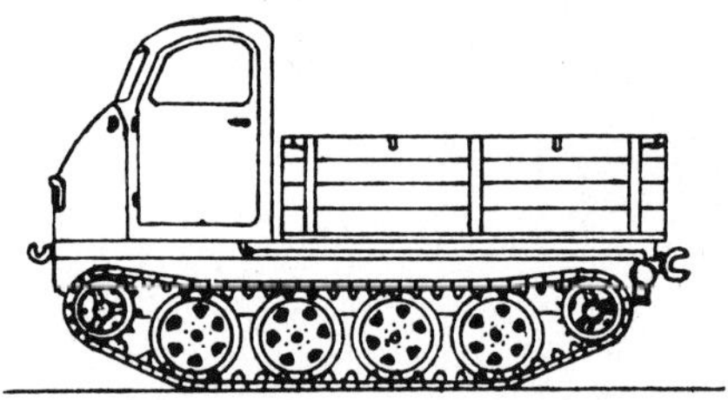

„RSO/01“
Raupenschlepper-Ost

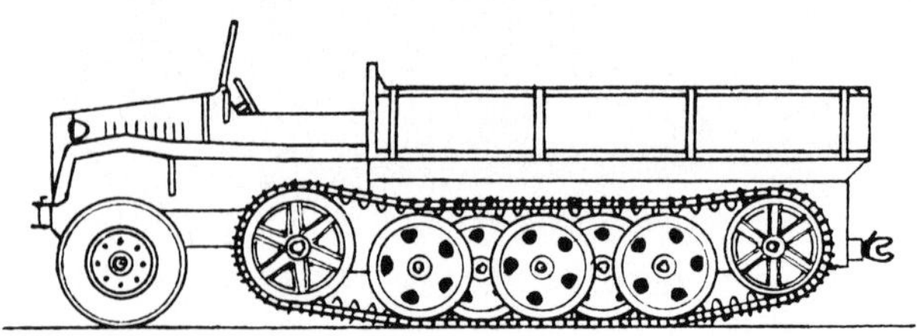

SCHWERER WEHRMACHTSCHLEPPER SWS

KETTENKRAD SdKfz 2 (HK 101)

ZgKw. SdKfz 10 für 1 t (D 7)

ZgKw. SdKfz 11 für 3 t (H Kl 6)

ZgKw. SdKfz 6 für 5 t (BN 9)

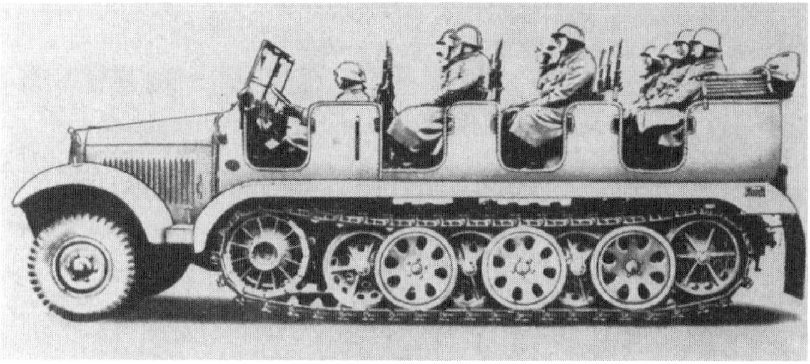

ZgKw. SdKfz 7 für 8 t (KM)

ZgKw. SdKfz 8 für 12 t (DB 10)

ZgKw. SdKfz. 9 für 18 t (HK 1601)

ZgKw. „MAULTIER" (2 t-Ford)

ZgKw. „MAULTIER" (4,5 t-Mercedes-Benz)

RAUPENSCHLEPPER OST (R 80/01)

SCHWERER WEHRMACHTSCHLEPPER SWS

GERÄTTRÄGER GT 8/15 (Faun) für 10 t (Bundeswehr)

LASTKRAFTWAGEN L 912/21 ZA (Faun) für 12 t
Artillerie-Zugkraftwagen der Bundeswehr

Zugkraftwagen*)

1. Hersteller		NSU	DEMAG	Hanomag
2. Typ		HK 101	D 7	H kl 6
3. Bezeichnung		kl. Kettenkrad	l. Zgkw. 1 t	l. Zgkw. 3 t
4. Baujahr		1940—1944	1939—1944	1939—1944
5. Eigengewicht	kg	1235	.	5400
6. Zulässiges Gesamtgewicht	kg	1560	4700	7200
7. Sitzplätze		3	8	8
8. Anhängelast	kg	450	1000	3000
9. Höchstgeschwindigkeit	kM/h	61,5/80	65	52,5
10. Fahrbereich Str./Gel.	km	250/190	285/150	275/150
11. Kraftstoffvorrat	l	42	110	110
12. Länge über alles	mm	3000	4750	5550
13. Breite „ „	mm	1000	1840	2000
14. Höhe „ „	mm	1200	1620	2150
15. Motor Hersteller		Opel	Maybach	Maybach
16. Typ		1.5 l	HL 42 TRKM	HL 42 TUKRM*
17. Leistung/Umdr.	PS/Upm	36/3400	100/2800	100/2800
18. Zylinderzahl/Anordnung		4/R	6/R	6/R
19. Hubraum/Kühlung	cm³/.	1488/Wasser	4171/Wasser	4171/Wasser
20. Verdichtung		6:1	6.6:1	6.7:1
21. Kupplung		Einscheiben tr.	Zweischeiben tr.	Einscheiben tr.
22. Getriebe		NSU Schub	Maybach	Hanomag Schub
23. Gänge		2×(3 V I R)	7 V 3 R	2×4 V 1 R
24. Lenkung		mechan.	mechan. Cletrac	Hanomag o. ZF Roß
25. Wendekreisdurchmesser	m	4,0	9,0	13,5
26. Spur vorne/hinten	mm	0/816	1630/1580	1650/1600
27. Radstand	mm	1352	2430	2780
28. Federung vorne		Schraubenfedg.	Blattfedg.	Halbfedg. quer
29. „ hinten		Drehstäbe	Drehstäbe	Drehstäbe
30. Bereifung		3,50—19	6,00—20	7,25—20**
31. Kettenauflage/Breite	mm	820/170	1470/240	1800/280
32. Leistungsgewicht	PS/t	23,1	21,2	13,9
33. Bodenfreiheit	mm	230	325	320
34. Steigt	°	24	24	24
35. Watet	mm	440	700	500
36. Preis	RM	.	15000.—	22000.—
37. Bemerkung				* urspr. HL 38 ** o. 190—18

*) Skizzen und Tabelle aus „Feldgrau“ H. 6/1961

1.	Hersteller		Buessing-NAG	Kraus-Maffei AG.	Daimler-Benz AG.
2.	Typ		BN 9	KM m 11	DB 10
3.	Bezeichnung		m. Zgkw. 5 t	m. Zgkw. 8 t	s. Zgkw. 12 t
4.	Baujahr		1939—1943	1937—1943	1939—1944
5.	Eigengewicht	kg	7500	9750	10600
6.	Zulässiges Gesamtgewicht	kg	9000	11550	14700
7.	Sitzplätze		15	11	11
8.	Anhängelast	kg	5000	8000	12000—14000
9.	Höchstgeschwindigkeit	kM/h	50	50	52
10.	Fahrbereich Str./Gel.	km	300/115	270/100	250/100
11.	Kraftstoffvorrat	l	190	213*	250
12.	Länge über alles	mm	6325	6850	7350
13.	Breite „ „	mm	2260	2400	2500
14.	Höhe „ „	mm	2500	2620	2770
15.	Motor Hersteller		Maybach	Maybach	Maybach
16.	Typ		HL 54 TUKRM	HL 62 TUK	HL 85
17.	Leistung/Umdr.	PS/Upm	115/2600	140/2600	185/2500
18.	Zylinderzahl/Anordnung		6/R	6/R	12/V
19.	Hubraum/Kühlung	cm^3/.	5420/Wasser	6191/Wasser	8520/Wasser
20.	Verdichtung		6,7 : 1	6,5 : 1	6,5 : 1
21.	Kupplung		Zweischeiben tr.	Zweischeiben tr.	Zweischeiben tr.
22.	Getriebe		ZF-Schub	ZF-Schub	ZF-Spezial Schub
23.	Gänge		2 × 4 V 1 R	2 × 4 V 1 R	2 × 4 V 1 R
24.	Lenkung		ZF Roß	Schnecken Muenz	Schnecken ZF Roß
25.	Wendekreisdurchmesser	m	15,0	16,0	21,0
26.	Spur vorne/hinten	mm	1825/1700	2000/1800	2010/1900
27.	Radstand	mm	3275	3470	3670
28.	Federung vorne		Blattfedg. quer	Halbfedg. quer	Blattfedg.
29.	„ hinten		Drehstäbe	Halbfedern längs	Drehstäbe
30.	Bereifung		210—18	9,75—20	11,25—20
31.	Kettenauflage/Breite	mm	2200/320	2235/360	2500/400
32.	Leistungsgewicht	PS/t	12,8	12,1	12,6
33.	Bodenfreiheit	mm	360	400	400
34.	Steigt	°	24	24	24
35.	Watet	mm	600	650	630
36.	Preis	RM	30000.—	36000.—	46000.—
37.	Bemerkung			*) später 203 l	

1. Hersteller		Famo	Buessing-NAG	Steyr
2. Typ		F 3	sWS	RSO/01
3. Bezeichnung		s. Zgkw. 18 t	5 t Halbkettenschl.	Raupenschl. Ost
4. Baujahr		1939—1943	1943—1945	1942—1944
5. Eigengewicht	kg	15130	9500	3200
6. Zulässiges Gesamtgewicht	kg	18000	13500	4700
7. Sitzplätze		8	12	2
8. Anhängelast	kg	18000	8000	2000
9. Höchstgeschwindigkeit	kM/h	50	27	17
10. Fahrbereich Str./Gel.	km	250/100	300/100	250/150
11. Kraftstoffvorrat	l	290	240	180
12. Länge über alles	mm	8250	6675	4425
13. Breite „ „	mm	2600	2500	1990 (2050)
14. Höhe „ „	mm	2850	2820	2530
15. Motor Hersteller		Maybach	Maybach	Steyr
16. Typ		HL 108 TUKRM	HL 42 TRKM	.
17. Leistung/Umdr.	PS/Upm	250/2600	100/2800	85/3000
18. Zylinderzahl/Anordnung		12/V	6/R	8/V
19. Hubraum/Kühlung	cm³/.	10838/Wasser	4170/Wasser	3517/Luft
20. Verdichtung		6,5 : 1	6,7 : 1	5,8 : 1
21. Kupplung		Zweischeiben tr.	Einscheiben tr.	Einscheiben tr.
22. Getriebe		ZF G 65 VL 230	ZF Schub	.
23. Gänge		2 × 4 V 1 R	2 × 4 V	4 V 1 R
24. Lenkung		ZF Roß	Cletrac	Lenkbremsung
25. Wendekreisdurchmesser	m	21,6	.	.
26. Spur vorne/hinten	mm	2100/2000	2100/1950	1350
27. Radstand	mm	4015	3475	.
28. Federung vorne		Blattfedg.	Blattfedg.	Viertelfedg.
29. „ hinten		Drehstäbe	Drehstäbe	längs
30. Bereifung		12,75/20	210—18	.
31. Kettenauflage/Breite	mm	2860/440	2040/500	2500/340 (660)
32. Leistungsgewicht	PS/t	13,9	7,4	18,1
33. Bodenfreiheit	mm	440	500	550
34. Steigt	°	24	24	30
35. Watet	mm	800	1000	670
36. Preis	RM	60000.—	.	.
37. Bemerkung				Maße in ( ) mit Schneeketten

Artilleriegeschütze der Bundeswehr

105 mm GEBIRGSHAUBITZE L 14. Italienisches Geschütz, das in vielen NATO-Staaten verwendet wird

105 mm LEICHTE FELDHAUBITZE M 2

105 mm LEICHTE FELDHAUBITZE M 2 L. Deutsche Ausführung mit verlängertem Rohr und Mündungsbremse auf Gerätträger GT 8/15 (Faun)

155 mm FELDHAUBITZE M 1

203 mm FELDHAUBITZE M 2

105 mm PANZERHAUBITZE M 52

155 mm PANZERHAUBITZE M 44

155 mm PANZERHAUBITZE M 109

203 mm PANZERHAUBITZE M 55

203 mm H M2 A1 E1 auf Selbstfahrlafette M 110

175 mm K M 113 auf Selbstfahrlafette M 107

Artilleriegeschütze der Bundeswehr

Typ	FH	PzH	GebH	FH	PzH	SfH	FH	PzH	SfH	SfK
Kaliber mm	105	105	105	155	155	155	203	203	203	175
Bezeichnung	M 2 A 1	M 52	L 14	M 1 A 2	M 44	M 109	M 2 A 1	M 55	M 110	M 107
Schußweite m	11100	11100	10200	14800	14800	14800	16800	17000	17000	30000
Gewichte kg	1920	24530	1370	5430	28300	17000	13500	42600	26500	28000
Feuergeschwindigkeit S/min	2—4	2—4	.	1—3	.	.	1	1	.	
Geschoßgewicht ca. kg	15	15	15	43	43	43	90,7	90,7	90,7	
Munition/Kampfbeladung/Schuß	250	102	.	150	24	.	100	.	.	
Höchstgeschwindigkeit km/h	.	56	.		56	51	.	48	54	54
Fahrbereich ca. km	.	150	.		120	400	.	260	720	720